超・箇条書き

「10倍速く、魅力的に」伝える技術

杉野幹人
sugino mikito

ダイヤモンド社

はじめに　仕事に使える最強スキル、それが箇条書き

「今話したことを、箇条書きにしてもらえませんか？」

学生や若手ビジネスパーソンと話していると、「流れるように話すが、何を言いたいかがわからない」という場面に出くわす。しかし冒頭の質問をすることで、「なぜ意味が理解できないか」を明らかにできる。

結論、あるいは結論に至るまでの論理の曖昧さが、箇条書きにすると一目でわかるからだ。

箇条書きを見れば、その人の思考、そして伝える力のレベルがわかる。

私は米国のシリコンバレーで、そして外資系のコンサルタントとして、グローバルビジネスの第一線の人たちと仕事をしてきた。ビジネススクール、ＩＮＳＥＡＤのＭＢＡプログラムでは、世界60カ国から集まった次世代のリーダーたちと一緒に学んだ。

それらを通じて、伝えることが傑出して上手い人たちと出会った。

彼らに共通するのは、箇条書きが抜群に上手いということだ。

箇条書きは、英語や会計、そしてロジカルシンキングと同じくらい世界的に求められているスキルだ。もちろん箇条書きという名称ではなく、世界的には「ブレットポイント（Bullet Points）」と呼ばれて使われている。

シリコンバレーで出会った起業家たちも、箇条書きを効果的に使う。プレゼンの最初と最後のページなど、鍵を握るところでだ。世界一ともいえるシリコンバレーの激しい時間競争の中で、目的や結論を短く、かつ魅力的に一瞬で伝え、投資家や従業員を動かしていた。

日本企業のビジネスパーソンが、目的や結論のわからないプレゼンを長々とし、相手に無視され、せっかくのチャンスを逃していたのとは対照的だった。

プレゼンというと、カラフルな図やグラフが並ぶものとイメージしている人も多いだろう。しかしプレゼンに限らず、人を動かすのに最も必要なのは「言葉」だ。その言葉を短く、魅力的にまとめた「箇条書き」がプレゼンの成否を握るのだ。

外資系のコンサルタントも箇条書きを武器とする。経営者に短く、魅力的に伝え、彼らに動いてもらいたいときは、図やグラフではなく、箇条書きを敢えて選ぶ。

ビジネススクールでも箇条書きが選ばれている。INSEADのMBAプログラムでは、学生の履歴書をまとめてリクルーティング企業に送る。その履歴書のフォーマットは、日本の履歴書のような穴埋めボックスやベタ書きの文章ではない。箇条書きが指定されている。学生は自分のウリを短く、魅力的に伝える。そしてリクルーターに動いてもらう。

世界の最前線では、「短く、魅力的に伝える」ツールとして箇条書きが選ばれ、そして使われている。プレゼンに限らない。企画書・報告書づくり、メール作成、議事メモ、会議のファシリテーションなど、「短く、魅力的に伝える」箇条書きは、あらゆるビジネスシーンで使われている。

そこには共通の技術がある。わずか数行の箇条書きであっても、繊細で精巧な工夫が必要なのだ。

短く、魅力的に伝える箇条書き。そして人を動かす箇条書き。

それらを『超・箇条書き』と呼ぶこととする。

本書はそのエッセンスを伝えることが目的だ。


これから迎える社会は情報過多の社会だ。

情報が少ないことが、かつては活動のボトルネックとなっていた。

しかしこれからは違う。情報通信インフラの普及により、人間の処理能力をはるかに超えた情報が流通するようになった。


情報過多の時代だ。情報を多く、つまり「長く伝える」ことの価値は減っている。

むしろ、「短く、魅力的に伝える」こと、つまり情報を選別し、少なくすることの価値が増えている。


ニュース配信サイトが増えれば増えるほど、それらを要約する「まとめサイト」の人気が高まるのはこの原理だ。

「箇条書き」こそ、これからの時代の最強のサバイバルスキルなのだ。

しかし後述するが、日本ではさまざまな背景から、箇条書きは上手に使われていない。本来は、繊細で精巧な工夫が必要なものなのに、単なる羅列で終わっている。

そして、この一見凡庸にして最強スキルである箇条書きについて、学校でも企業でも誰も教えてこなかった。

箇条書きの潜在的な力が見過ごされている。いまだに、卒業式での来賓の祝辞のように「長く伝える」ことで、相手に無視され、ダメ出しされ、そして自らの評価を落とす人が日本にはあふれている。

「たかが箇条書き」と、箇条書きを笑う者は箇条書きに泣く。

目の前にあるチャンスを逃すことになる。

たった数行の箇条書きで、あなたの明日が変わる。

さあ、『超・箇条書き』のトレーニングを始めよう。

目次

第1章

超・箇条書きの技術①

構造化

第2章

超・箇条書きの技術②

物語化

第3章 超・箇条書きの技術③ メッセージ化

第4章

超・箇条書きをもっと使いこなす

序章

なぜ箇条書きが、最強のビジネススキルなのか？

忙しい、時間がない。だから箇条書き

外資系コンサルのプレゼン資料の最初のページには、何があるか。図やグラフではない。十中八九、それは箇条書きだ。

なぜ箇条書きなのか。

クライアントの多くは企業の経営者で忙しい。そして時間がない。

このため、図やグラフによる分析や背景を聞くよりも、要点をすぐ理解したいのだ。

コンサルタントは、伝えなくてはいけない要点を、短く、そして魅力的に伝えなくてはならない。

その手段として選ばれているのが、箇条書きだ。

したがって、プレゼンの成否を左右する箇条書きを、新人コンサルタントに任せることはない。チームの責任者がつくるのが普通だ。

箇条書きは、図やグラフよりも、外資系コンサルのプレゼンにとっては1丁目1番地といえるのだ。

同じ内容なのに、「伝え方」でここまで変わる

そもそも、箇条書きにはどのような機能があるのか。

例えば、牛丼のアピール表現を箇条書きとベタ書きで比べてみる（図1）。

一目瞭然で、ベタ書きのほうが情報量は多い。説明も丁寧だ。

だが、逆に情報量が多過ぎて、なかなか頭に入ってこない。最後まで読む気にならないし、つまらない。

一方で、箇条書きはシンプルで、すぐ理解できる。

言い換えれば、情報量が少ないため、処理するのが楽なのだ。

図1　牛丼のアピール表現を比べる

ベタ書き

チェーンの牛丼はとても安くて、多くの人にとって買い求めやすいものだ。このため、お金のない学生であっても気軽にお店に入ることができる。そして、チェーンの牛丼はとても速くつくられて、速く提供される。だから、ビジネスパーソンにとっては、時間があまりなくても、次に予定があっても気兼ねなく食事ができる。また、小さい子ども連れのファミリーにとってもありがたいだろう。待ちきれない子どももいるからだ。そして、チェーンの牛丼はとても美味い。何度食べても飽きがこない。だから、朝に食べたとしても、夜にも食べることができる。

▼

箇条書き

チェーンの牛丼のすばらしさは3つ。

1. 安い
2. 速い
3. 美味い

ベタ書きを最後まで飽きずに読めた人は少ないだろう。

しかし、箇条書きはほとんどの人が一瞬で、しかも最後まで読めたはずだ。

箇条書きには「読み手や聞き手の情報処理の負荷を減らす」という機能がある。

結果として、伝えたいことを速く、そして正確に伝えることができる。

そのため、そもそも関心をもっていなかった相手の心にも響きやすい。目を配ってもらう、あるいは耳を傾けてもらうということも起きるのだ。

図2　ベタ書きにおける情報処理の流れ

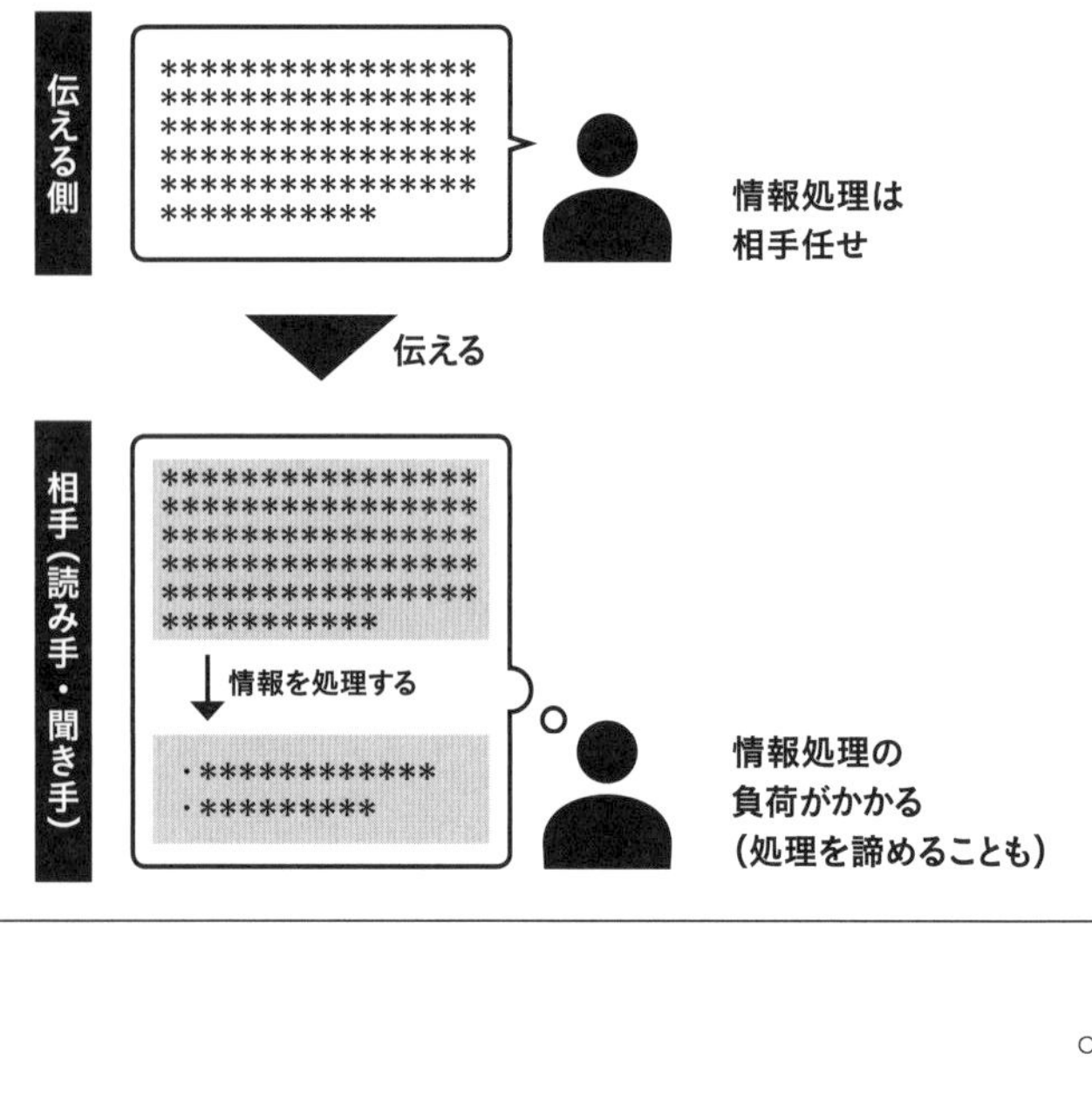

10倍速く、魅力的に伝わる理由

　箇条書きは、ベタ書きに比べて文章量が少ない。すなわち、情報量が少ない。

　相手に届けられる情報量だけで考えれば、ベタ書きのほうが箇条書きよりも優れている。

　しかし、ベタ書きは情報量が多いため、相手がそれを処理し切れない、すなわち読み切ってくれない可能性がある（図2）。または、中途半端に処理するために「情報は届くが、意味は伝わらない」ということが起きる

図3 箇条書きにおける情報処理の流れ

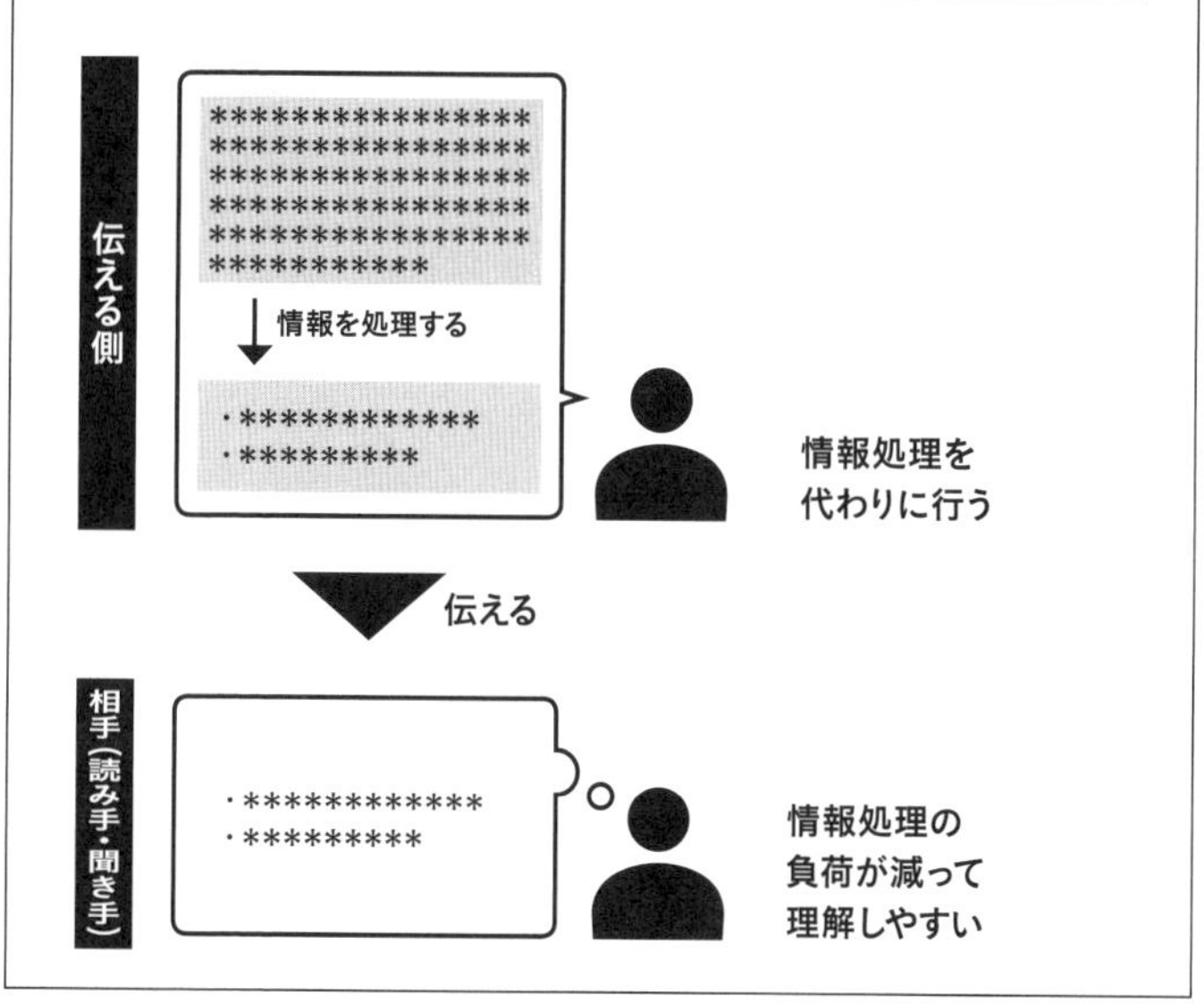

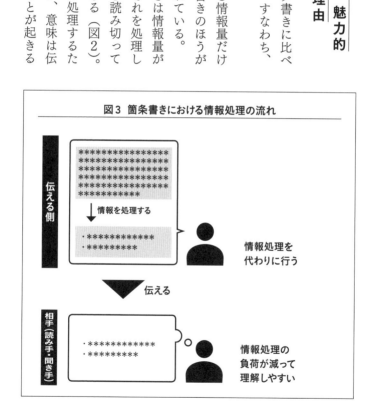

可能性もある。

一方で箇条書きは、相手に届けられる情報量だけで考えれば、ベタ書きより劣る。しかし、本来は相手側がすべき情報処理を、送り手が「短く」まとめることで、代わりにしているといえる（図3）。相手にとっては情報処理が楽であり、送り手の伝えたいことがより正確に伝わることになる。

料理に置き換えて考えるとわかりやすい。

ベタ書きで伝えるとは、肉や野菜などの食材を、調理せずにそのまま渡すようなものだ。無論、客にとって調理するのは億劫だろう。美味しくない料理になったり、面倒なので調理すらしないということもあるだろう。

一方、箇条書きで伝えるとは、シェフが肉や野菜などの食材を用意し、さらにそれを客が食べやすい味付けで調理してあげることと同じだ。よって、客は食べることのみに集中できる。

情報処理が楽になるといっても、どれぐらい短くなるのか。

先ほどの牛丼の説明の例で考える。

ベタ書きの説明は253文字。箇条書きの説明は27文字だ。

ベタ書きを箇条書きにすれば、文章量はほぼ10分の1。それだけ速く、魅力的に伝えることができる。

繰り返す。箇条書きの機能は「読み手や聞き手にとっての情報処理の負荷を減らす」ことだ。

忙しい人や関心がない人にでも、伝わりやすい。そして伝わりやすいから、相手は動いてくれる。

箇条書きは単なる文章術ではない。

人を動かすための情報処理の技術なのだ。

コンサルタントはなぜ、要点を3つにまとめるのか？

箇条書きの機能を理解すると、「箇条書きを使うのが向く状況」と「そうではない状況」がわかるようになる。

箇条書きが向くのは、相手に情報処理の手間をかけさせたくないときだ。相手が忙しい場合などがそれにあたる。例えば、目上の人への報告などはその典型だ。

また、相手がこちらに対してあまり関心をもっていないときにも効果がある。例えば、売り込みのプレゼンテーションなどがそれにあたる。

経営コンサルタントは「なんでも要点を3つにまとめる」とよく言われる。これは、「3つ」であることがポイントなのではない。2つでも4つでもよい。

大事なのはまとめること。

短く、箇条書きにすることだ。

経営コンサルタントが向き合うのは、時間に制約のある忙しい経営者たちだ。このため、情報処理の負担を減らす箇条書きで伝えることが求められる。

逆に、箇条書きが向かないときもある。

相手が情報処理の負担をいとわない場合は、箇条書きよりもベタ書きのほうがよい。

例えば、相手が勉強家で、時間もあり、熱心に読んだり聞いたりしてくれるときには、情報量の多いベタ書きのほうが相手に伝わる。学校の教科書や、知識やスキルを学ぶための専門書や技術書などがそれにあたる。

また、学んで実行に移そうとしてくれる相手には、敢えて箇条書きにまとめず、じっくり時間をかけて説明することもある。

箇条書きとベタ書きは、決して対立するものではない。

場面や相手に応じて、使い分けるものなのだ。

「使えるやつ」かは、箇条書きでわかる

箇条書きは、人を動かすだけではなく、あなたの評価をも決める。「まさか」と思われる方もいるかもしれないが、事実だ。

緊急な案件について、報告書やメールを上司に送るとする。

最初から最後までベタ書きだったら、上司はどうするか。最後まで読まないで読み飛ばすか、「要点をまとめろ」と呼び出すのが普通だろう。

ビジネスではスピードが求められる。トップや結果にこだわる人ほど、時間を大切にする。時間を粗末にするような相手には手厳しい。

事実、企業の経営者だと、資料の最初に箇条書きで要点がまとめられていないと、内容がどんなによくても、そのプレゼンにイライラし途中で相手の話を止めるのはよくあることだ。

緊急の場面でそのような非生産的なことを繰り返せば、「使えないやつだ」と、自らの評価を落とすことになる。

箇条書きが評価を決めるのは、ビジネスだけにとどまらない。

例えば、就職活動もそうだ。

採用担当者の中には、提出されたエントリーシートや履歴書にある箇条書きを見て、その出来が悪いと「仕事をさせても、伝えるのが下手な人なのだろう」と色眼鏡で見てしまう人もいる。

伝え方ひとつで、その人の将来が左右されるのだ。

忙しい上司や経営者、採用担当者に共通するのは、「箇条書きができないやつは、たいしたことができない」という認識だ。自覚的なものか、無自覚的なものかはそれぞれだが。

箇条書きは、短く、魅力的に伝えることで人を動かす。

成果を出すための生産的な技術を身に付けていないのだから、箇条書きの完成度で人を評価することには、合理性がある。

たった数行の箇条書きがあなたの評価を決めてしまう。

だからこそ、箇条書きを極め、世界で戦うための武器にできれば、あなたの前に道が拓けるのである。

日本人の「伝え方」のクセとは？

箇条書きは、あなたの伝えたいことを、短く、魅力的に伝えるものだ。そして人を動かし、あなたの評価を左右するスキルといえる。

だが、これまでの日本では箇条書きは軽視され、十分に使われてこなかった。最大の理由はリスク回避によるものだ。

伝えなければいけないものの多くは、相手にとって悩ましいものだ。例えば、「あなたの課題は○○だ」「もっと△△をしたほうがいい」というような苦言。悩ましいものだからこそ、わざわざ伝える必要がある。

箇条書きは、悩ましいものでも確実に伝わる。

つまり「伝わり過ぎ」てしまうということだ。そのため、相手の気分を害するというリスクが高くなってしまう。

しかし、嫌なことや面倒なことでも、相手にとって必要なことや相手が幸せになることであれば、一時的に関係が悪化することがあっても伝えるべきだ。

多くの国ではそうしているものだ。

だが、これまでの日本では違った。

INSEADで学んだ「コミュニケーションのあり方」

INSEADのMBAプログラムの授業は、面白いものが多かった。

その1つが、選択科目で受講した国際ビジネスの授業だ。国や地域ごとの市場特性やビジネス商慣習などを学び、生まれ育った国や地域の固定観念で考えてしまう価値観を、いったんアンラーニングさせる（学び直させる）ことが目的だ。

一番学生が盛り上がったのは、ある動画を見る回だった。

グローバル企業において、米国、中国、日本、各国からの従業員が一堂に集まった緊急ミーティングを再現する動画を見る。そして、それを同じく世界各国から集まった学生で議論するのだ。

動画では、各国からは代表者1人だけが参加しているが、日本からだけは、年配の偉そうな英語ができない上司と若手の控えめな英語ができる部下のセットで参加していた。日本からの代表者2人は、緊急な事案について、その場で決めるのではなく、なんでも「もち帰って検討する」と笑顔で回答していたのを鮮明に覚えている。

その授業を担当する教授、日本企業とのビジネス経験がある他国からの学生、そして私とで、日本と他国におけるビジネス商慣習の違いを議論したことがあった。

そのときに、みんなで協力してホワイトボードにまとめた図が印象的だった（図4）。

この図が表すことはシンプルだ。

日本以外の多くの国においては、議論する中で、ある程度は意見が衝突したほうが成果は生まれる。

しかし、日本では意見の衝突は他国に比べて少ししか許容されず、それを超えて意見をぶつけ合うと成果が失われる、ということだ。

つまり、相手にとって悩ましいことなど

図4「成果」と「意見の衝突量」の関係

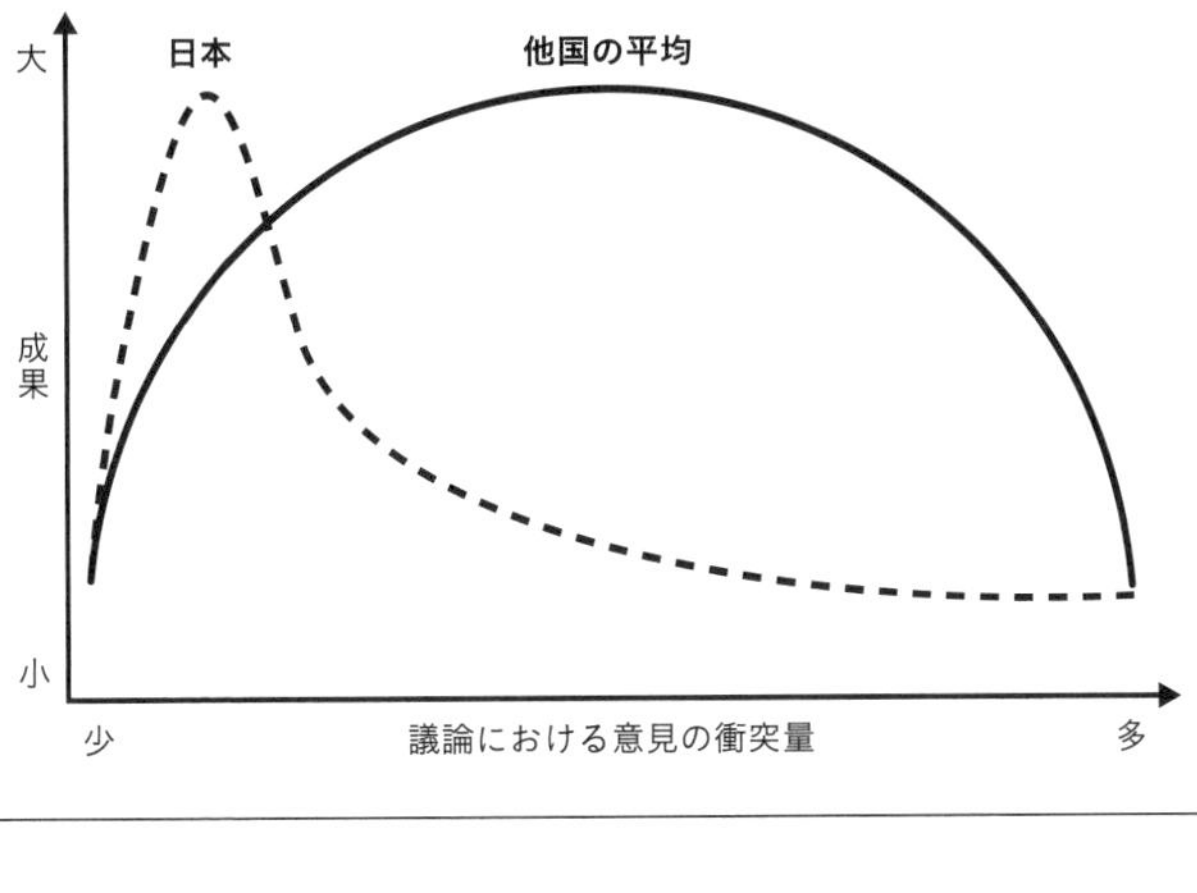

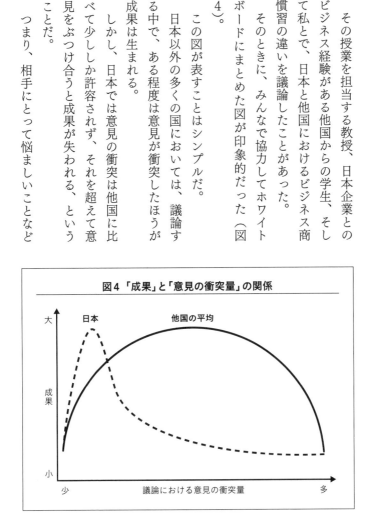

を率直に意見し過ぎるのは、日本では成果につながらないことが多いのだ。

担当教授によるとその理由は、日本では他国よりも「意見と人格が同一視されがちだから」ということだった。

議論において意見の衝突や否定が続くとどうなるか。日本では意見を否定された人は、自らを否定されたように感じ、相手を遠ざける。

立場が逆でも同じようなことが起こる。意見を否定した人は、その相手自体を遠ざけるようになる。

このため、日本では一般的に率直な意見は好まれないし、成果につながりにくい。

もちろん、この比較は一概にいえるものではない。「国」ではなく、「人」によっても違うだろうし、細かく見ればおかしなところはある。

だが、ざっくり言ってしまえば、「日本的なコミュニケーション」においては、率直に意見を伝えることは好まれてこなかったのだ。

今の日本にこそ、箇条書きが必要だ

率直な意見が成果を生み出さない社会においては、箇条書きは場合によっては「伝わり過ぎ」る面がある。だから、日本では箇条書きを使わないことが、ある程度は合理的だったのだ。

だが時代は変わった。

これからの社会は情報過多の社会だ。

ビッグデータや人工知能という言葉が流行っているが、その前提には「情報量に対して人間の情報処理能力が足りていない」という時代の流れがある。ゆえに、それら大量の情報を処理する技術にスポットライトが当たり、また、人間ではなく機械が自ら学習して情報処理する技術が注目されるのである。

これは好き嫌いの問題ではなく、不可逆の現象だ。

このような情報過多の時代だから、情報を多く、つまり「長く伝える」ことの価値は減っている。

むしろ、「短く、魅力的に伝える」こと、つまり情報を選別し、少なくすることの価値が増えている。

伝える技術としての「箇条書き」は、情報過多の時代において、最強のサバイバルスキルと言える。

これが、箇条書きを超えた『超・箇条書き』

これまでの日本では、箇条書きを使わないことに一定の合理性があった。そのため箇条書きは上手く使われてこなかった。

多くの人は伝えたいことを羅列するに留まっている。形式的には箇条書きになっていても、単に情報量が減っただけで、伝わらないものになっている。

それとは真逆の「短く、魅力的に伝える」箇条書き。そして人を動かす箇条書き。本書では、それらを『超・箇条書き』と呼ぶこととする。

普通の箇条書きと『超・箇条書き』は何が違うのか。

普通の箇条書きは、伝えたいことを「羅列化」するだけで完成する。『超・箇条書き』はこの「羅列化」の他に、3つの技術的要素が加わることではじめて完成するのだ。

3つの技術的要素とは、「構造化」「物語化」「メッセージ化」である（図5）。

「構造化」とは、相手が全体像を一瞬で理解できるようにすることだ。

内容がどんなに優れていても、全体像がよくわからないと読む気にならない。無視されては元も子もない。

構造化では、相手が全体像を一瞬で理解できるように、伝えたいことの幹と枝を整理する。

「物語化」とは、相手が関心をもって最後まで読み切れるようにすることだ。

読む気になって中身を読んでくれても、引き込まれずに途中で興味を失ってしまうようでは相手には何も伝わらない。

物語化では、相手が関心をもって最後まで読み切れるように、相手のコンテキスト（文脈）を考えて全体の流れをつくる。

「メッセージ化」とは、相手の心に響かせ行動を起こさせるようにすることだ。

相手がすべてを読んでくれても、こちらの伝えたいことがクリアに届かなくては、

図5『超・箇条書き』の「3つの技術的要素」

構造化	相手が全体像を一瞬で理解できるようにする
物語化	相手が関心をもって最後まで読み切れるようにする
メッセージ化	相手の心に響かせ行動を起こさせるようにする

「伝えた」だけであって「伝わる」には至らない。伝わらなければ、人は動かない。

メッセージ化では、相手の心に響くようにそれぞれの文の表現を磨く。

ではこれから、『超・箇条書き』の「構造化」「物語化」「メッセージ化」について、トレーニングを始めていこう。

第1章

超・箇条書きの技術①

構造化

ダメな箇条書き：整理されていない

『超・箇条書き』の第一の要素は「構造化」である。

新入社員Aさんの例で考えてみよう。

Aさんは、営業会議の内容を、上司に次のようなメールで報告した（図6）。

忙しい上司は、ベタ書きのメールはほとんど読んでくれない。このため報告内容を箇条書きにした。

何か問題はあるだろうか。

このメールの文言はAさんが上司に伝えたいことである。1つひとつの文は明瞭でわかりやすい。箇条書きでまとめられているため、ベタ書きに比べて、忙しい上司でも読むのが楽だろう。

しかし、全体として何が大切なことなのかが一瞬ではわからない。

この会議では何を議論して、何が決まったのか。自分に何か関係があるのか。ポイントは何か。

5つの文があるが、それらすべてがポイントなのか。

だとしたら、それら5つのポイントは自分にどんな関係があるのか。

このようにパッと見ただけでは、会議の全体像がよくわからない。

上司が疲れているときであれば、「なんかわかりにくいメールが来たな」と思い、読む気にならず、無視する可能性が高い。もっと言えば、「こいつは要領の悪いやつだな」と思うかもしれない。

上司は忙しい。部下から送られてきたよくわからないメールをわざわざ整理してあげるほど暇ではない。

言い換えれば上司にとって、自分に情報処理の手間をかけさせる部下は面倒極まりないのだ。

結局、この箇条書きでは「Aさんへのダ

図6 ダメな箇条書き：整理されていない

- 営業の人員が足りていない
- 手強い競合商品があるため苦戦している
- コールセンターでの問い合わせ対応のトレーニングが間に合わない
- 営業部で期間限定のスタッフが増える
- それ以外のことは、営業部が経営会議に報告して打ち手を仰ぐ

メ出し」以外、上司はなんのアクションもとらないだろう。

しかし、同じ内容でも図7のような形でAさんがまとめていたらどうだろう。

ポイントが明確で、直感的にもわかりやすくないだろうか。上司もしっかり読んでくれるはずだ。

この2つの箇条書きの違いは、「構造化」の違いなのだ。

ではこれから、この違いの原理を順に見ていこう。

「全体像」をつくれば、一瞬で伝わる

図6のAさんの箇条書きは、「構造化」ができていないのが問題だ。

図7 「構造化」された箇条書き

- 3つの問題点が議論された
  - ・営業の人員が足りていない
  - ・手強い競合商品があるため苦戦している
  - ・コールセンターでの問い合わせ対応のトレーニングが間に合わない
- 2つの対応が決まった
  - ・マーケティング部が営業部に期間限定でスタッフを貸し出す
  - ・それ以外のことは、営業部が経営会議に報告して打ち手を仰ぐ

構造化とは、相手が全体像を一瞬で理解できるようにすることだ。

内容がどんなに優れていても、全体像がよくわからないと読む気になってもらえず、相手には何も伝わらない。

具体的に何をすればよいのか。

ただ羅列するのではなく、1つひとつの文の並びに意味をもたせればよい。

伝えたいことを幹とし、その補足を枝として整理するイメージだ。伝えたい幹が複数あるときは、それらの間につながりをつくる。

そうすることで、相手は箇条書きの全体を眺めたときに、1つひとつの文だけではなく、その構造にも意味を見出すことができる。

どれとどれが大事なことで、それらにはどのようなつながりがあって、箇条書き全体で何を伝えようとしているのかが瞬時に伝わるようになる。

人を動かす箇条書き、『超・箇条書き』は、書き手本位の単なる羅列ではない。全体像が一瞬で伝わる「構造化」されたものでなければならない。

構造化の要件は「レベル感を整える」こと

構造化で注意しなければならないことは何か。

それは「レベル感を整える」ことである。

レベル感を整えるとは、伝えたいことの階層を揃えるということだ。

次ページの図8を見てほしい。

このように「伝えたいこと」と「伝えたいことの詳細・補足」とに情報を分け、つながりをもたせて並べる。

すると相手は、全体像を一瞬で理解することができる。

しかし「レベル感を整えよ」と言われても、実際にやってみると、そう簡単にできることではないと気づくだろう。

レベル感を整える作業には、いくつかのコツがある。本書では、「自動詞と他動詞を使い分ける」、「直列と並列で考える」、「ガバニング」の3つに触れる。

図8 レベル感が整った箇条書き

- 伝えたいこと（その1）
- 伝えたいこと（その2）
- 伝えたいこと（その3）
- 伝えたいこと（その4）
- 伝えたいこと（その5）
- 伝えたいこと（その6）
- 伝えたいこと（その7）
- 伝えたいこと（その8）
- 伝えたいこと（その9）

▼

- 伝えたいこと（その1）
    - 伝えたいこと（その1A）
    - 伝えたいこと（その1B）
- 伝えたいこと（その2）
    - 伝えたいこと（その2A）
    - 伝えたいこと（その2B）
- 伝えたいこと（その3）
    - 伝えたいこと（その3A）
    - 伝えたいこと（その3B）

最も伝えたいことを最初の階層に置く

最も伝えたいことの詳細や補足を下位の階層に置く

同じ階層はつながりがあるもので揃える

「似ているもの」を1つにまとめる

さてここから、レベル感を整え、構造化するトレーニングに入ろう。

やるべきことは伝えたいことのグループ分け。

つまりグルーピングだ。

大原則は、伝えたいこととそれを補足するものを1つのグループにまとめること。それらがまだ区別できていなければ、まずは伝えたいことが似ているものを1つのグループとしてまとめていく。

するとグループを見るだけで、伝えたいことがいくつあり、それがどのようなものかが一瞬でわかるようになるのだ。

グループ化されていない10個の文を読んで、全体を一瞬で理解するのは難しい。

しかし、それが3つのグループにまとめられていれば、3つの伝えたいことを理解するだけで全体がわかる。

適切なグルーピングによって、全体像の理解が楽になるのだ。

では、相手を楽にするグルーピングとはどのようなものか。

最初におさえておくべきポイントは、「状態・現象」を伝える文と、「行為」を伝える文とを分けるということ。

なぜなら、「状態・現象」と「行為」とでは、相手がイメージするものが異なるからだ。

例えば、「料理」と聞いて、あなたは何をイメージするか。これも「状態・現象」と「行為」では、そのイメージが異なる。「料理がある」という状態であれば静止画だが、「〜を料理する」という行為だと動画になる（図9）。

静止画か動画かを判断するのも、相手にとっては情報処理の負荷がかかる。

その負荷を減らすためにも、「状態・現象」を伝える文と、「行為」を伝える文は

図9　状態と行為による、情報処理の違い

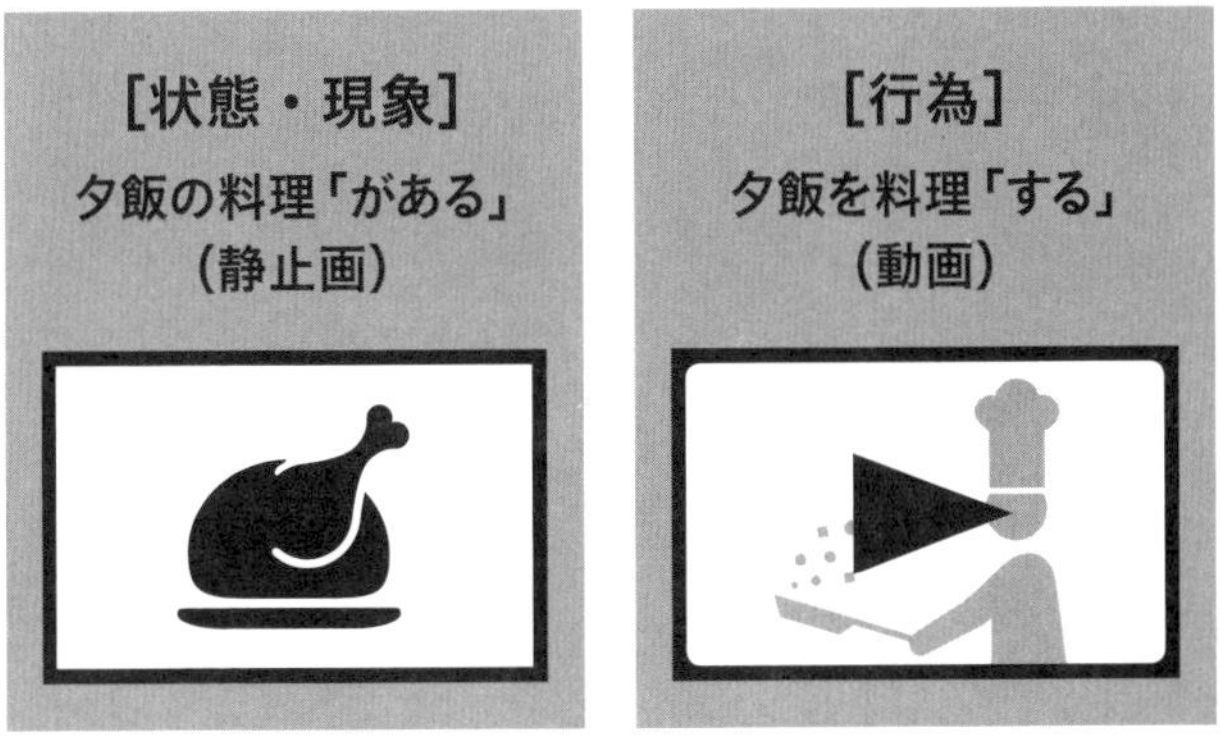
[状態・現象]
夕飯の料理「がある」
（静止画）
[行為]
夕飯を料理「する」
（動画）

分ける必要がある。

こうしたグルーピングによって、全体像が理解しやすくなる。

例えば、「ハンバーグがある。サラダがある。スープがある」だと、夕飯のテーブルという「状態」（静止画）を想像できるだろう。

また、「ハンバーグをつくる。サラダをつくる。スープをつくる」であれば、調理という「行為」（動画）を想像するはずだ。

しかし、1つのグループに「状態・現象」の文と「行為」の文が混在すると、全体像を一瞬ではつかめなくなる。

例えば、「ハンバーグがある。サラダをつくる。スープがある」だと、何をイメージしてよいかがわからず、そのグループに意味を見出せなくなってしまう。

繰り返すが、「状態・現象」を伝える文と、「行為」を伝える文は、相手のためにも分けてグルーピングする。あとはそのグループの中で、情報を整理していくのだ。

しかし、それにはハードルがある。1つひとつの文が曖昧だと、それが状態・現象を意味するのか、行為を意味するのかわからない。結果として、伝える側がグルーピングを間違うことになり、相手も全体像を理解できなくなる。

構造化のコツ1

「自動詞と他動詞」を使い分ける

レベル感を整える最初のコツとは、この曖昧性を排除し、グルーピングしやすくするためのものだ。

それが、「自動詞と他動詞」を使い分けることである。

ある瞬間の静止画、すなわち「そのときの状態」を伝えたければ、1つひとつの文に「自動詞」を使う。

ある瞬間の動画、すなわち「誰かが何かに影響を与える行為」を伝えたければ、1つひとつの文に「他動詞」を使う。

つまり、「自動詞を使った状態・現象を伝えるグループ」と「他動詞を使った行為を伝えるグループ」とに分けるのだ。

これだけだ。これで箇条書きのグルーピングがしやすくなり、相手もそのグループの意味が瞬間的にわかるようになる。

では、「自動詞」と「他動詞」とは、そもそもどのようなもので、どのような違いがあるか。次ページの図10を見てほしい。

「落ちる」と「落とす」を比べてみる

例えば、「落ちる」というのは自動詞だ。「コップが落ちる」という文は、コップが落ちるという現象を意味している。「誰が」コップを落としたかという行為、そして因果関係については相手に伝えていない。

なお、「落ちたコップ」のように名詞で終わるものもあるが、それは「落ちたコップがある」といった自動詞の省略形だ。「ある瞬間の状態・現象を表すときには自動詞を使う」としてここでは話を進める。

一方で、例えば「落とす」というのは他動詞だ。

「私がコップを落とす」という文は、主語

図10 自動詞と他動詞の違い

自動詞	• コップが落ちる • ボールペンがある • 私は驚いた • 彼は止まる
他動詞	• 私がコップを落とす • あなたがボールペンを置いた • 彼が私を驚かせた • 非常ベルの音が彼を止める

の「私」が、目的語の「コップ」を「落とす」という行為を意味している。「コップ」が落ちるのは「私」が原因であるという因果関係を相手に伝えている。

「落ちる」のように、ある瞬間の状態・現象を相手にイメージさせたいのか。

「落とす」のように、行為やそれによる因果関係を相手にイメージさせたいのか。

自動詞と他動詞は同じような動作を指しながらも、使い分けられるものなのだ。

身近な例だと、コップを落としてしまった子どもの言い訳がわかりやすい。

コップを落としてしまった子どもは、「コップが落ちた」と自動詞を使って、そのことを「状態・現象」として親に伝える。

なぜか。親から怒られたくないからだ。「コップを落とした」と他動詞を使えば、自分の行為が原因であることに焦点を当たる。だから「落ちた」と自動詞を使うのだ。

同じ動作を伝えるにしても、自動詞を使い状態として伝えると、因果関係を曖昧にできるので、責任逃れができるのだ。

このように状態・現象を伝えたければ自動詞を使い、行為やそれによる因果関係を伝えたければ他動詞を使う。これを全体で統一し、グルーピングの1つの指針とすることが、構造化の近道なのだ。

自動詞を使うときは細心の注意を！

では、新入社員Aさんの箇条書きに戻ろう。これを見ると、最初の4つの文が、状態・現象を指しており、自動詞が使われている。

一方で、最後の文だけが行為を指しており、他動詞が使われている。なので、最初の4つでグルーピングをし、最後の1つだけを単独にする。こうした構造化をすればよいように思われる（図11）。

しかしここに罠がある。

ここで注目すべきは、4つ目の「営業部で期間限定のスタッフが増

図11 グルーピングしてみると……

［自動詞（状態）グループ］

- 営業の人員が足りていない
- 手強い競合商品があるため苦戦している
- コールセンターでの問い合わせ対応のトレーニングが間に合わない
- 営業部で期間限定のスタッフが増える ――？

［他動詞（行為）グループ］

- それ以外のことは、営業部が経営会議に報告して打ち手を仰ぐ

える」という文だ。

1つ目の「営業の人員が足りていない」からわかるように、営業部にはスタッフが足りていない。しかし、「期間限定のスタッフが増える」となっている。

つまり、この文の背後には、「営業部のスタッフが足りていないので、誰かが増やす」という対応策が潜んでいる。

本来なら、行為を表す「増やす」とすべきところを、「増える」という自動詞を使っていることが問題なのだ。

その結果、4つ目の文は「人が足りていない中で誰がスタッフを増やすのか」という情報が欠けてしまっている。

対応策などの行為を伝えたければ、自動詞ではなく、他動詞で表現して伝える必要がある。そうしなければ、グルーピングを間違えるだけではなく、伝えるべき重要な情報を失う危険もある。

繰り返す。

行為を表現するなら、他動詞を使うのだ。他動詞を使うことで、行為の目的が明らかになる。

この例のように、自動詞を誤って使うと、目的語が消え、ときには主語も消えてしまう。

その結果、伝えるべき重要な情報を失うことになり、レベル感を整える作業が難しくなってしまう。

先ほどの新入社員Aさんのメールの箇条書きは次のようにすると、グルーピングがしやすくなるだろう（図12）。

4つ目の「営業部で期間限定のスタッフが増える」という自動詞の文を「マーケティング部が営業部に期間限定でスタッフを貸し出す」という他動詞の文に変えた。

ポイントは2つある。

この文は、誰がスタッフを増やしたのかという重要な部分が欠けていた。その「誰が」をまず考える。これは、営業部と協力し合うマーケティング部だった。

次に、自動詞を他動詞に変える際には、単純に「〜を増やす」とはせず、その行為がより正確に伝わるように「〜を貸し出す」とした。「増やす」では、人数という状態の増減しかわからない。「貸し出す」とすることで、行為が具体的に伝えられる。

3つ目までの文が営業現場の状況を伝えるもの。

4つ目と5つ目の文がそれらについての対応策を伝えるもの。

このように2つのグループに分けることができた。

こうして伝えるだけでも、忙しい上司からすれば、情報処理がグッと楽になる。「マー

図12「自動詞と他動詞の使い分け」による改善例

- 営業の人員が足りていない
- 手強い競合商品があるため苦戦している
- コールセンターでの問い合わせ対応のトレーニングが間に合わない
- 営業部で期間限定のスタッフが増える
- それ以外のことは、営業部が経営会議に報告して打ち手を仰ぐ

▼

[自動詞(状態)グループ]

- 営業の人員が足りていない
- 手強い競合商品があるため苦戦している
- コールセンターでの問い合わせ対応のトレーニングが間に合わない

[他動詞(行為)グループ]

- マーケティング部が営業部に期間限定でスタッフを貸し出す
- それ以外のことは、営業部が経営会議に報告して打ち手を仰ぐ

ケティング部が」という主語を読んだ瞬間に、マーケティング部の責任者にお礼のメールをするかもしれない。それだけでも他動詞を使うことに意味がある。

ところで、Aさんはなぜ、行為を表すべき文に自動詞を使ってしまったのだろうか。これは言語学的に考えることができる。

日本語は、英語に比べて主語や目的語を消して自動詞を使うことが多い。例えば日本語では、「驚いた」のように主語や目的語を入れずに、「自動詞を使って、状態を表現する」ことが多い。

一方英語では、「He surprised me (彼が私を驚かせた)」のように、主語や目的語を入れ、「他動詞を使って、行為を表現する」ことが多い。

理論言語学を研究する畠山雄二氏(東京農工大学准教授)によれば、この違いは文化的なものだという。責任を曖昧にする文化のために、日本語は「自動詞を使って表現する」ことが多い。

先ほど例として挙げた、コップを落としてしまった子どもが、親から怒られたくないために「コップを落とした」ではなく、「コップが落ちた」と責任逃れをするのが典型だ。

他動詞を使うべきところに自動詞を使っても、ベタ書きの長文であれば大きな問題にはならない。情報量が多いため、その前後関係を想像することによって、文のつながりがわかるからだ。

　しかし、箇条書きではそうはいかない。

　箇条書きの特徴は、情報処理の負荷を減らすために、情報量を削っていることにある。その中で自動詞と他動詞の使い方を誤ると、正しく意味が伝わらないことがある。この点に注意しよう。

　繰り返すが、行為を伝えるときは他動詞を使い、主語や目的語を明確にし、レベル感を整える必要がある。

　一方で、目標やビジョン、問題、特徴、好き嫌いなど、あるものごとの未来や現在、そして過去の状態を伝えたいのであれば、自動詞を使う。

　他動詞を使うべきときに自動詞を使っていないかどうか。

　これを疑い、確認することが必要だ。

体言止めは思考停止につながる

「自動詞と他動詞の使い分け」、つまり「状態」と「行為」をどう表現するかを学んだところで、伝えたいことがある。

箇条書きでは、単語の羅列が使われることがある。

例えば次のようなものだ（図13）。これは文中の単語を切り出して、並列の構造でリスト化したものといえる。

もともとの文は「豚の角煮で使われる調味料は醤油、みりん、砂糖、日本酒の4つである」というものである。

そして箇条書きの1つひとつは「醤油である」「みりんである」「砂糖である」「日本酒である」という「状態を表す文」の省略形と考えることができる。

このような単語の羅列であれば、読み手は自然と理解できるし、ベタ書きよりは整理された印象を与えることができるだろう。

しかし、箇条書きにおいて単語の羅列を使うと、問題が起きることもある。

それは、動詞で終わる文章を体言止めにするときだ。

図13　箇条書きによる単語の羅列

- 豚の角煮で使われる調味料は次の4つである
  - ・醤油
  - ・みりん
  - ・砂糖
  - ・日本酒

例えば、「コストの低下」や「売上の倍増」などという語句がそれにあたる。

これは『超・箇条書き』では使わない。曖昧になるからだ。曖昧だから、一瞬では理解できなくなってしまう。

例えば、「コストの低下」とは何を意味するものだろうか。

これが「状態・現象」を意味しているのか、それとも「行為」を意味しているのか、一瞬でわかるだろうか。

次ページの図14を見てほしい。「コストの低下」というのは、少なくとも6つの意味がある。

まず、「コストの低下」というのは状態を表している可能性がある。そして、状態だとしても最低でも3つの意味をとりえる。

「コストが下がった」という過去の状態、「コストが下がっている」という現在の状態、「コストが下がる」という未来の状態だ。

次に「コストの低下」は、状態ではなく、行為を表すものの可能性がある。それもまた最低でも3つだ。

「コストを下げた」という過去の行為、「コストを下げている」という現在の行為、そして「コストを下げる」という未来の行為だ。

図14 「コストの低下」がもつ6つの意味

・コストの低下

- コストが下がった
- コストが下がっている
- コストが下がる

状態を表す自動詞だとしても、
時制がわからない
（当然、相手もよくわからない）

- コストを下げた
- コストを下げている
- コストを下げる

行為を表す他動詞だとしても、
時制もわからないし、
主語も消えてしまう
（主語がなく因果関係がわからない）
（当然、相手もよくわからない）

そもそも、
状態を表すものか、行為を表すものかわからない
（当然、相手もわからない）

行為を表す場合は、主語が抜けたことで因果関係が曖昧になってしまっており、意味が伝わりにくくなっている。

このように体言止めというのは多義的であり、曖昧なのだ。

もちろん、体言止めを使うことまでは否定しない。ベタ書きであれば、まわりの文脈から情報を補って、なんとか意味を特定できることがある。

キャッチコピーなどは、体言止めだと語呂がよく、印象に残ることもある。

しかし、短く伝える箇条書きでは、そのようなことはできない。

箇条書きで体言止めを使うと、それが何を意味しているのかがつかめないからだ。

例えば、次のような箇条書きで、一瞬で全体像を理解することはできるだろうか(図15)。

図15 体言止めのダメな使い方

- コストの低下
  - ・原価
  - ・販促費
  - ・間接費
- 売上の増加
  - ・海外事業
  - ・国内事業

コストと売上で、対になることを議論していそうだ。だがこれが、「両方とも未来の状態を表すもので、単なる理想を語っているもの」なのか、「今の状態を表していて、よい兆候を伝えているもの」なのかが一瞬ではわからない。

また、コストの低下は現在の状態を伝えるもので、売上の増加は未来の行為を伝えている可能性もある。コストの低下によって余力が出たので、今後は売上の増加に舵を切るというイメージだ。図15の体言止めでは、全体像を理解するのは難しいだろう。

本来は動詞であったところを名詞にして体言止めするのは、全体像の理解を妨げる。このため、『超・箇条書き』では体言止めはご法度なのだ。

構造化のコツ2 「直列と並列」で時間軸を整える

構造化において、レベル感を整えるための2つ目のコツに入ろう。

それは、「直列と並列で考える」ことだ。

構造化においてレベル感を整えるためには、1つの階層に、つながりがあるものを並べればよいと伝えた。では、そのつながりにはどのようなパターンがあるのか。

基本パターンは2つしかない（図16）。

図16　直列と並列で時間軸を考える

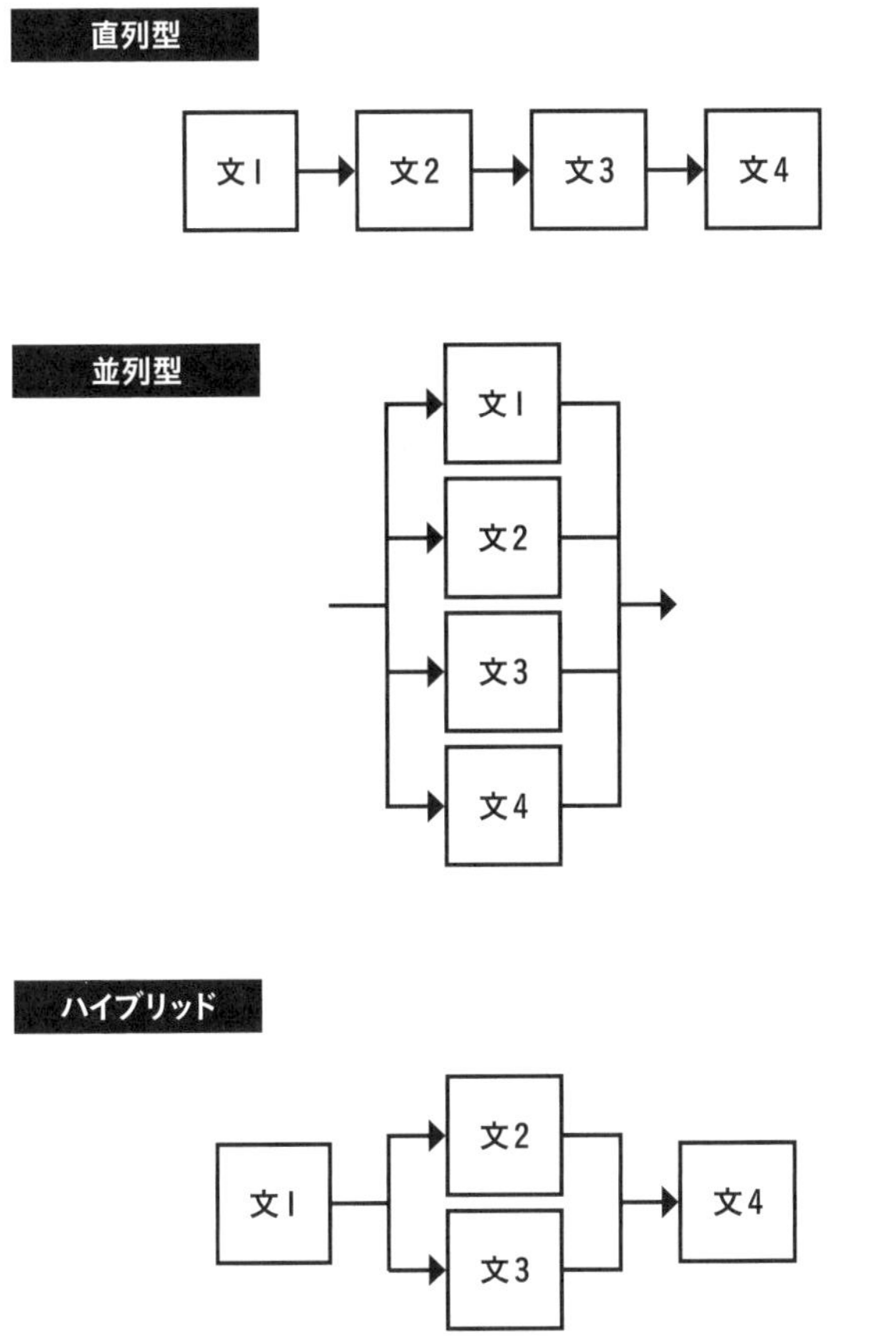

「直列型」と「並列型」の2つだ。その応用としてのハイブリッドもあるが、直列型と並列型の2つの基本を覚えておけば、あとは自然に応用できる。このため、直列型と並列型のつながりだけを理解すればよい。

直列型と並列型の違いは何か。

それは時間軸の使い方にある。

理科で習った電気回路を思い浮かべてみてほしい。

直列型のつながりには、電気回路でも順に電流が通るように、文と文の間に時間が流れている。

一方で、並列型のつながりには、文と文の間に時間が流れていない。

箇条書きのつながりに時間が流れていれば、直列型で伝えればよいのだ。

その逆の場合、箇条書きのつながりに時間が流れていないときは、並列型で伝えよう。

直列型、あるいは並列型に整理して伝えることで、相手に「時間の流れ」を意識させることができる。

結果、箇条書きの全体像がより理解しやすいものになる。

もう少し詳しく見ていこう。箇条書きのつながりを直列型にするということは、そこには何かしらの時間の流れがあるということだ（図17）。

図17「直列と並列」のつながりの比較

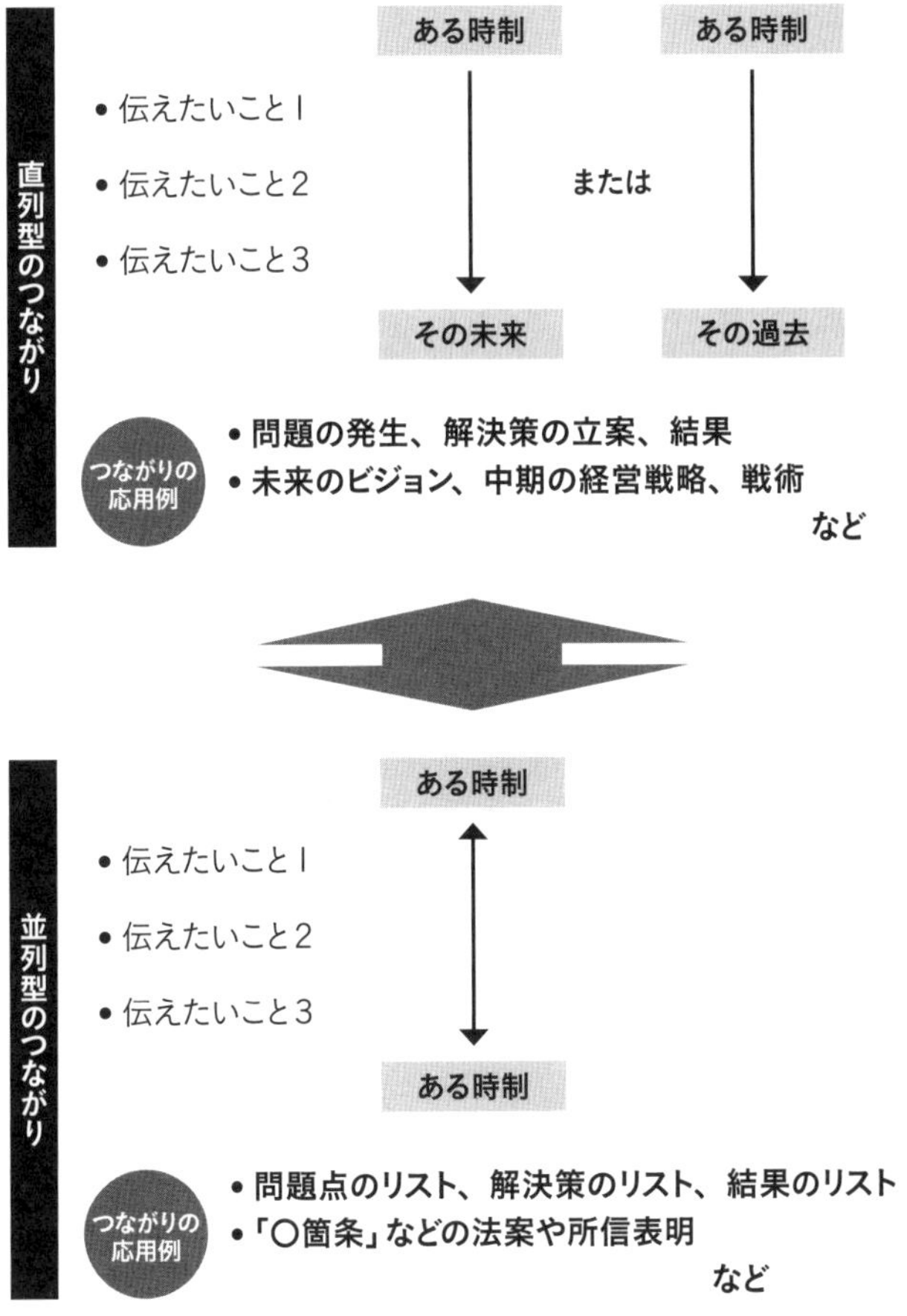

最初の文に対して、それ以降の文がそこから未来に時間が流れるか、あるいは過去に時間が遡るかだ。

問題解決の枠組みで考えてみよう。例えば、「問題の発生→解決策の立案→結果」というようなものは、過去から現在、そして未来へという時間の流れを伝えるものだ。こうした問題解決の枠組みは直列型といえる。

企業であれば、「未来のビジョン、それを実現する中期の経営戦略、その具体的な単年の戦術やアクション」というのも未来から現在へという時間の流れが含まれるため、これも直列型のつながりといえる。

一方で、箇条書きのつながりを並列型にするということは、そこには時間の流れがないということだ。

例えば、未来の夢のリストアップ、現在におけるアクションのリストアップ、過去の原因のリストアップなどがその典型だ。

問題解決の枠組みで考えれば、問題点のリストなどは並列のつながりになる。解決策のリストや結果のリストなども一緒だ。

また、法案や所信表明など「〇か条」でまとまるもののほとんどは、この並列型だ。

直列型にせよ、並列型にせよ、文のつながりを考えるのは、時間の流れを構造で示し、一瞬で全体像を理解してもらうことにつながる。それは自らが伝えたいことを再整理することに他ならない。

「直列型のつながり」と「並列型のつながり」を常に頭の中に入れておこう。

そうすることで、グルーピングが効率的にできるようになり、わかりやすく伝えられるようになる。

時間軸が整理されるとストレスなく読める

新入社員Aさんの箇条書きに戻ろう。

自動詞と他動詞の使い分けにより、すでに2つのグループに分けられることがわかっている。

ただ、2つのグループに分かれているだけで、それぞれのグループが何を伝えたいのかをひと言では言えておらず、読み手からすると理解しにくい。グループの意味を自分で解釈する必要がある。

このため、それぞれのグループが伝えたいことをひと言で言い切らなくてはいけない。ひと言で言い切る文を、各グループの1段目とし、もともとの文は2段目として組み直すのだ。

注意しなくてはいけないのは、1段目の「ひと言」につながりが必要だということだ。それがないと、一瞬で全体像が理解できない。

Aさんの例では、どうやら最初のグループは、営業上の〝現在〟の話をしている。そして2つ目のグループは、営業上の〝未来〟の話をしている。

そこには時間軸がある。このため、直列の構造と考えられる。では、どのような直列の構造なのか。

最初のグループは、現在の「問題」の話をしている。

2つ目のグループは、将来的な「対応（解決策）」の話をしている。

つまり、Aさんが上司にメールで伝えたかったのは、営業における問題解決のプロセスなのだ。

そうであれば、各グループの1段目に「問題」と「対応（解決策）」という言葉を新たに加え、自分が伝えたいのは問題解決のプロセスだということを相手に伝えるのだ。具体的には次のようになる（図18）。

上司はこの箇条書き、特に各グループの1段目を読むだけで、「ああ、Aさんは問題と対応（解決策）を伝えたいのか」と難なく一瞬で理解できるだろう。そして、「Aさんの

図18 直列（問題解決のプロセス）の構造を使った改善例

- 営業の人員が足りていない
- 手強い競合商品があるため苦戦している
- コールセンターでの問い合わせ対応のトレーニングが間に合わない

- マーケティング部が営業部に期間限定でスタッフを貸し出す
- それ以外のことは、営業部が経営会議に報告して打ち手を仰ぐ

▼

- さまざまな問題が議論された ………… **現在**
  - ・営業の人員が足りていない
  - ・手強い競合商品があるため苦戦している
  - ・コールセンターでの問い合わせ対応のトレーニングが間に合わない
- さまざまな対応が決まった ………… **未来**
  - ・マーケティング部が営業部に期間限定でスタッフを貸し出す
  - ・それ以外のことは、営業部が経営会議に報告して打ち手を仰ぐ

報告はわかりやすい。何がポイントか理解できている。次はもっと大事な会議に出てもらおうか」と評価を上げることになるかもしれない。

このように構造化したことにより、全体が整理され、伝えたいことの幹と枝がわかる。特に直列と並列のつながり、すなわち時間軸が整理されると、情報が整理されているという印象を与えやすい。

逆に言えば、時間が流れているのか流れていないのかよくわからない羅列は、読んでいてストレスで、読む気にならない。無理に読もうとしても、混乱するだけだ。

それは、時系列がバラバラの写真が並んでいるアルバム、あるいは未来、現在、過去のシーンが刻々と変わる映画のようなものだ。

そもそも読み手は、写真やシーンの時系列から「つながり」を読みとり、情報処理をするものだ。

いずれにせよ、直列か並列かの「つながり」を整理して伝えることで、時間軸を解釈するという情報処理の負担が減るのである。

「直列と並列」で考え、時間軸を整理する。

これで単なる箇条書きが、短く、魅力的に伝わる箇条書き、すなわち、『超・箇条書き』に一歩近づくのである。

構造化のコツ3　「ガバニング」で引き出しをつくる

構造化において、レベル感を整える作業のコツの3つ目は、「ガバニング」を使うことである。

「ガバニング」は直訳すると、「統制する」などの意味がある。

外資系コンサルでは、一般に「頭出しのまとめ」のことをガバニングと呼ぶ。

例えば、伝えたいポイントが3つあるときに、先に「ポイントは3つ」と宣言してから紹介することがあるだろう。

その「ポイントは3つ」と宣言するのが、ガバニングである。

新入社員Aさんの箇条書きの例で考えてみよう。

「問題」と「対応（解決策）」という言葉で段落をつくった。それによって、「問題→対応」というつながりがわかりやすくなり、「問題解決のプロセスを伝えたい」ということを、構造で示すことができている。

しかし、各グループ内のつながりにはまだ曖昧さが残っている。それが1段目の「さまざまな」という言葉に表れている。

この箇条書きを見た上司は、問題解決のプロセスだとすぐに理解できても、忙しいときには、細部の情報処理の負荷に耐えられず、文の一部を忘れてしまうかもしれない。「あれ？ 結局、問題ってなんだったっけ。何個あったんだっけ」「マーケティング部が人を貸してくれる以外に、特に何もなかったよな……」というように。

このようなことを防ぐためにも、各グループの1段目で、それ以降の枠組みを宣言するのがよい。最初の文こそが、相手にとって一番頭に残りやすく、情報処理の土台になるからだ。

相手の頭の中に、情報をしまう引き出しをつくるのをイメージしてほしい。

新入社員Aさんの箇条書きの例では、問題と対応策の数を宣言する。

「3つの問題点」と「2つの対応」のように（図19）。

最初にポイントの数を宣言することで、上司の頭の中に「これから伝えられること」を受け止める引き出しができる。この引き出しによって、情報処理が楽になり、上司は伝えられることの全体像をすぐ理解できるようになるのだ。

図19「ガバニング」を使った改善例

- さまざまな問題が議論された
  - ・営業の人員が足りていない
  - ・手強い競合商品があるため苦戦している
  - ・コールセンターでの問い合わせ対応のトレーニングが間に合わない
- さまざまな対応が決まった
  - ・マーケティング部が営業部に期間限定でスタッフを貸し出す
  - ・それ以外のことは、営業部が経営会議に報告して打ち手を仰ぐ

▼

- <u>3つの問題点</u>が議論された
  - ・営業の人員が足りていない
  - ・手強い競合商品があるため苦戦している
  - ・コールセンターでの問い合わせ対応のトレーニングが間に合わない
- <u>2つの対応</u>が決まった
  - ・マーケティング部が営業部に期間限定でスタッフを貸し出す
  - ・それ以外のことは、営業部が経営会議に報告して打ち手を仰ぐ

スティーブ・ジョブズは、ガバニングの達人

ガバニングをつくることはとても簡単だ。そしてガバニングは、世界共通で通じる構造化の技術といえる。

例えば、ガバニングは箇条書きだけではなく、スピーチなどのあらゆるコミュニケーションにおいて、世界中で使われている。

アップル創業者であり、シリコンバレーのレジェンド、スティーブ・ジョブズのスタンフォード大学でのスピーチは有名だ。

「Stay Hungry. Stay Foolish.」というフレーズはテレビでも流れた。これは、卒業式でこれから社会に出ていく学生に向けたものだ。

しかし、このスピーチにおいてガバニングの技術が使われていることはあまり知られていない。

スピーチの冒頭に「3つのことをお話ししたい」と頭出しをするガバニングが使われている（図20）。続くスピーチは、そのガバニングの案内に沿って進んでいく。

このため、スピーチの全体像が理解しやすくなっている。

図20 ジョブズのスピーチにおける「ガバニング」

“Today, I want to tell you three stories from my life. That’s it. No big deal. Just three stories.”

（今日ですが、私はみなさんに、人生から学んだ3つのことをお話ししたいと思います。それだけです。たいした話はしませんから。ほんとたった3つの話しかしませんから）

“The first story is about connecting the dots.”

（最初の話は点と点をつなぐということです）

・・・(中略)・・・・

“My second story is about love and loss.”

（2つ目の話は愛と喪失に関するものです）

・・・(中略)・・・・

“My third story is about death.”

（私の3つ目の話は死に関するものです）

・・・(後略)

【出典】畠山雄二『英文徹底解読：スティーブ・ジョブズのスタンフォード大学卒業式講演』ベレ出版（2015年）

このスピーチが人を動かし、評価されるに至る理由は、内容がすばらしいのはもちろんだ。だがそれに加えて、「ガバニング」という技術による部分も大きい。ジョブズが意図して使ったものか、天性の無意識によるものかは定かではないが。

ジョブズの対極にあるものの典型は、どこまで話題が続くのかよくわからない、小学校の卒業式などでの来賓のスピーチであろう。やっと終わったと思ったら「そして……」と、終わりが見えない苦痛の時間が続くのである。

「ガバニング」という技術を使うことで、構造化が簡単になる。単に羅列されただけの箇条書きが、短く、魅力的に伝わる箇条書き、すなわち、『超・箇条書き』にまた一歩近づくのである。

メールには「宣言」が欠かせない

箇条書きをよく使うのがメールだ。メールで箇条書きを構造化するときは、ガバニングが特に有効だ。

なぜメールではガバニングが有効なのか。

それはメールの性質を考えるとわかる。

メールは、多くの人にとっては隙間時間の作業だ。独占的な時間をわざわざ割いてする作業ではない。

プレゼンと比較するとわかりやすい。例えばプレゼンを聞くときは、相手のプレゼンに集中してそれ以外のことはやらない。

一方で、メールは移動時間だったり、食事時間だったり、会議と会議の合間だったり、何かしらの隙間時間にするものだ。そのため、他に優先度の高いものが入れば、そちらに切り替わってしまう。

つまりプレゼンなら、「事前に決められた時間」については、相手は必ず時間を割いてくれる。しかしメールは、必ず読まれるという保証はなく、しかも優先度が低いと判断されれば、読み飛ばされてしまう。

このため、メールでは無視されないように、こちらが何を言おうとしているのかを一瞬で理解してもらわなければならない。そのためにも構造化が必要だ。

加えて、メールは上から順に読んでいくため、最初に全体の内容を宣言できるガバニングが欠かせない。

ガバニングは、箇条書きの最初の行でするのが王道だ。

だがそれだけではなく、本文と併せてガバニングしてもよい。メールでは箇条書きの前に何かしらの本文があるのが一般的だからだ。

　次のような例を考えるとよい(図21)。これは、新入社員が作業報告を上司にするときのメールの例だ。

　短くまとまったメールだ。簡潔なので読む気になれば、理解できる。

　だがベタ書きなので、メールを開いて瞬時には全体の意味が伝わってこない。上司からすると、忙しいときや疲れているときは読み飛ばしたくなる。

　これを羅列化して箇条書きにする(図22)。

図21　上司への作業報告メール　その1

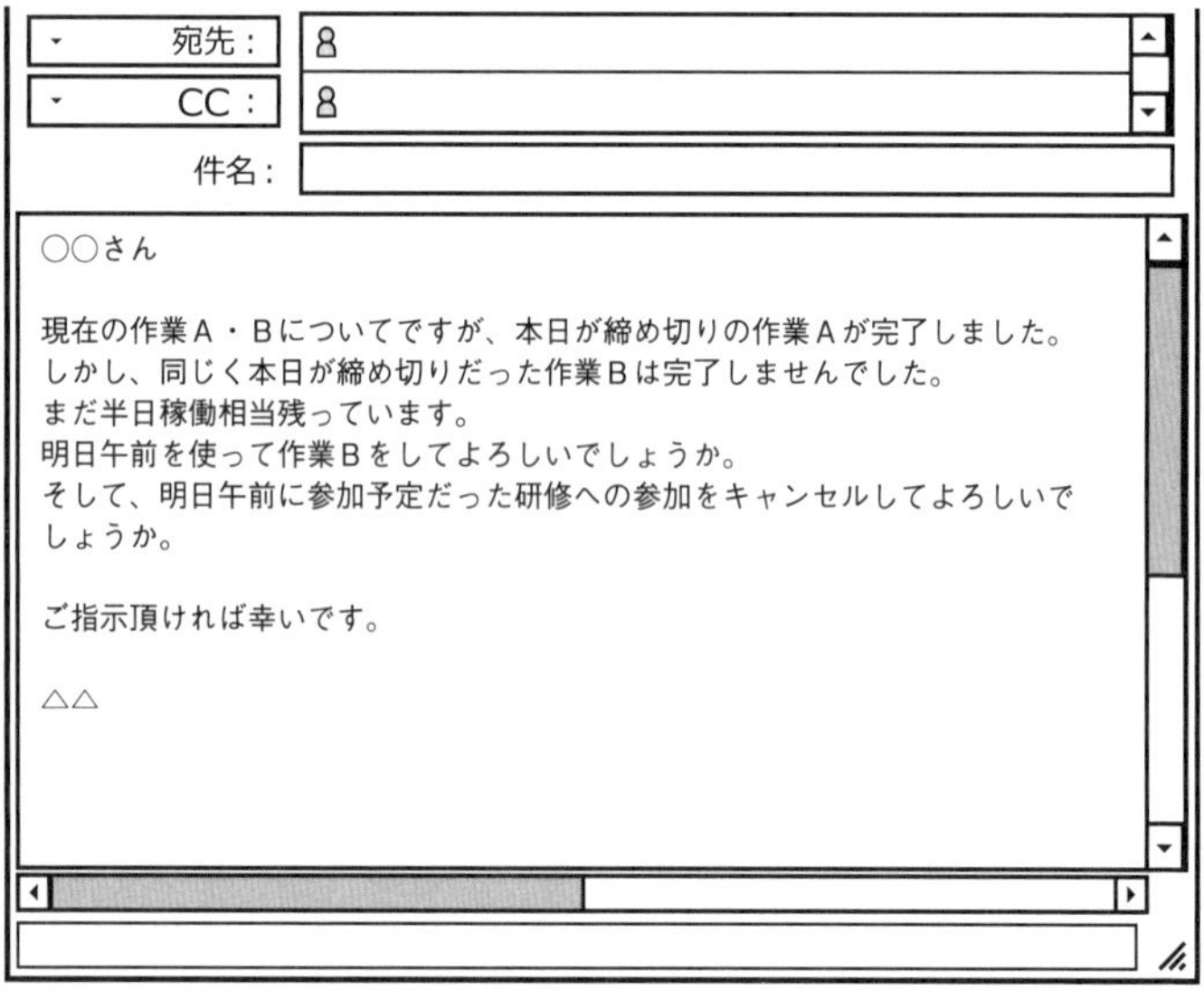
宛先：
CC：
件名：
○○さん
現在の作業A・Bについてですが、本日が締め切りの作業Aが完了しました。
しかし、同じく本日が締め切りだった作業Bは完了しませんでした。
まだ半日稼働相当残っています。
明日午前を使って作業Bをしてよろしいでしょうか。
そして、明日午前に参加予定だった研修への参加をキャンセルしてよろしいでしょうか。
ご指示頂ければ幸いです。
△△

羅列化して箇条書きにしたことで、少し読みやすくなった。

ただ、このメールが全体で何を言おうとしているのかは、一瞬では理解できない。このため、これでも読み飛ばされるかもしれない。

このようなときに、最初にガバニングで、内容を宣言してしまう。次ページの図23のようにだ。

メールの最初の本文で、「2点の報告と、2点の伺い」と全体を宣言した。このように最初の文で宣言してもいいし、箇条書きの最初の行で宣言して、報告と伺いを1段下げて書いてもよい。ここでは本文に書いてみた。

図22 上司への作業報告メール　その2

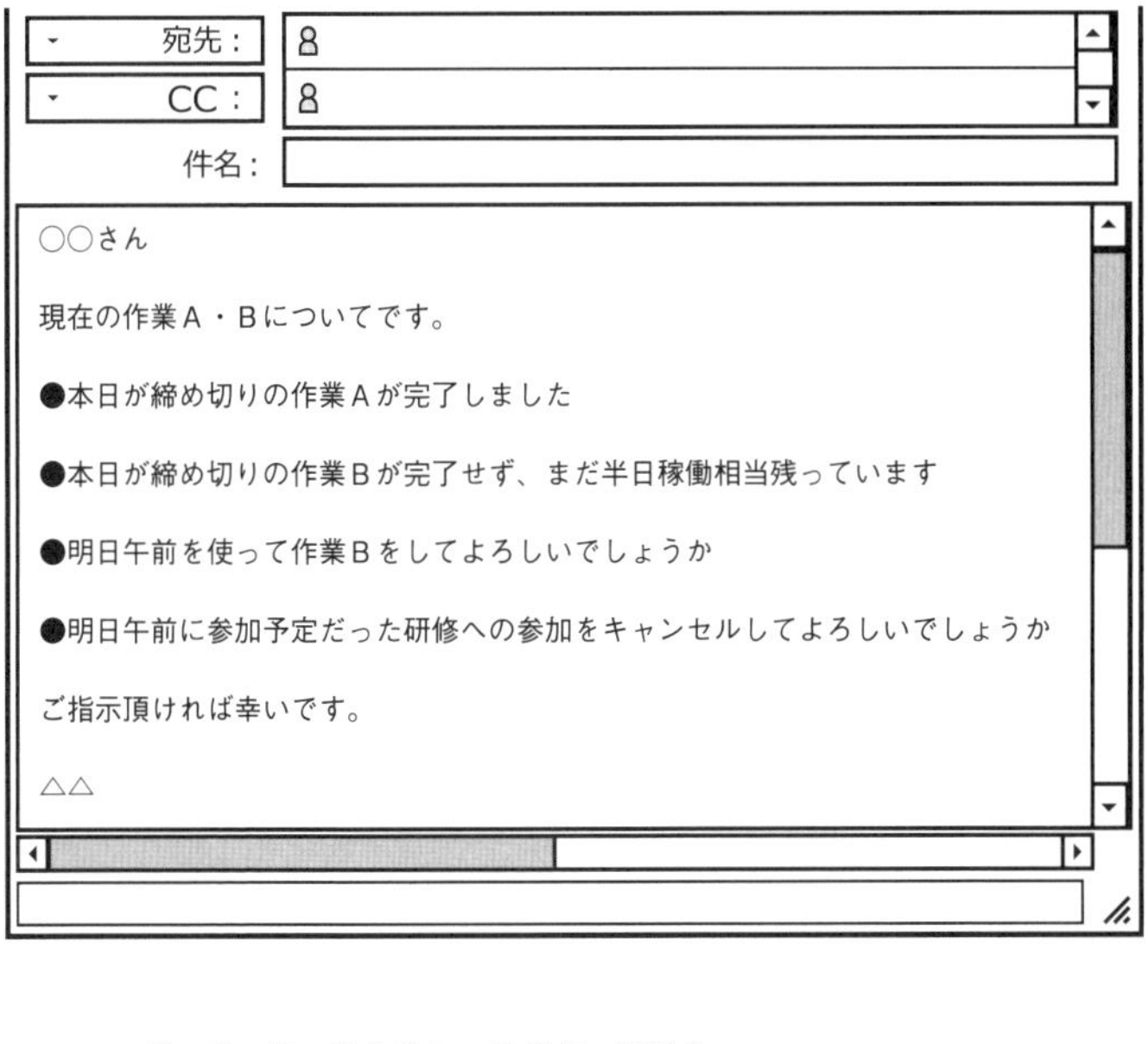
宛先：
CC：
件名：
○○さん
現在の作業Ａ・Ｂについてです。
●本日が締め切りの作業Ａが完了しました
●本日が締め切りの作業Ｂが完了せず、まだ半日稼働相当残っています
●明日午前を使って作業Ｂをしてよろしいでしょうか
●明日午前に参加予定だった研修への参加をキャンセルしてよろしいでしょうか
ご指示頂ければ幸いです。
△△

ガバニングに対応して、【報告】と【伺い】の見出しも置いた。ガバニングで報告も伺いも2点と宣言しているので、それぞれ行頭文字も1つ目と2つ目がわかるように対応させた。

このようにガバニングを使い、最初に全体像を宣言し、それに対応するように整理して書くことで、全体がわかりやすくなったはずだ。

メールは読み飛ばされやすいメディアだ。

最初の1~2行ですべてが決まると言っても過言ではない。

だからこそ、メールにはガバニングによる宣言が欠かせない。

図23 上司への作業報告メール　その3

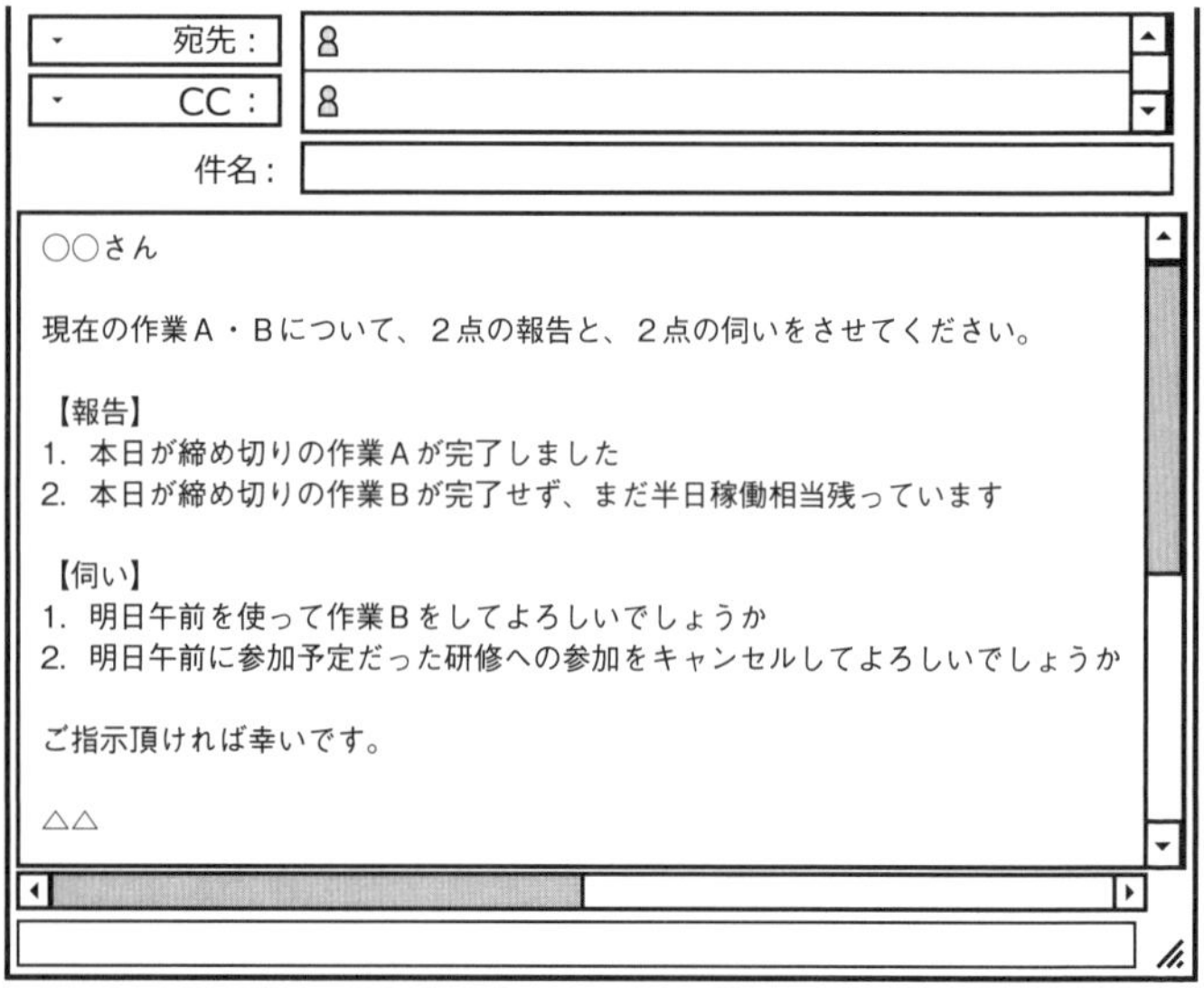
宛先：
CC：
件名：
○○さん
現在の作業A・Bについて、２点の報告と、２点の伺いをさせてください。
【報告】
1. 本日が締め切りの作業Aが完了しました
2. 本日が締め切りの作業Bが完了せず、まだ半日稼働相当残っています
【伺い】
1. 明日午前を使って作業Bをしてよろしいでしょうか
2. 明日午前に参加予定だった研修への参加をキャンセルしてよろしいでしょうか
ご指示頂ければ幸いです。
△△

文だけではなく、構造にも語らせる

できあがった箇条書きを、最初のメールの箇条書きと比較してみよう。75ページの図24を見てほしい。たった数行だが、その数行の構造を工夫することで、理解しやすくなることがわかるだろう。

中身がすばらしい報告でも、理解されなければ意味はない。意味のない報告をする部下など、上司が評価するわけもない。

相手が全体像を一瞬で理解できるように、伝えたいことの幹と枝を整理することで、「短く、魅力的に伝える」箇条書きに一歩近づくのだ。

よく、1行でできた商品のキャッチコピーと、数行からなる箇条書きでは、何が違うのかと聞かれることがある。その違いの1つが構造化だ。

構造化は、1行ではできない。複数行があって、はじめてできる。そして構造化によって意味をもたせることができる。

直列であれば、問題解決のプロセスや因果関係など、時間の流れを。

並列であれば、リストなど、同時的なものであることを。

箇条書きで伝えられる相手にとっては、文自体の意味ではなく、構造がもたらす意味によって、より全体が理解しやすくなるのだ。

箇条書きは、キャッチコピーに比べれば文字数が多くて情報量も多いが、ベタ書きに比べれば少ない。だからこそ、文だけではなく、構造にも意味を語らせることで、情報を補い、相手の情報処理を助けることが可能なのだ。

繰り返すが、構造化の要件は、レベル感を整えることだ。

レベル感を整えるコツとして、本書では、「自動詞と他動詞を使い分ける」こと、「直列と並列で考える」こと、「ガバニング」の3つを紹介した。

構造化は、『超・箇条書き』の一要素であり、伝えたいことを短く、魅力的に伝えるために不可欠な技術なのだ。

図24 「構造化」による改善例

- 営業の人員が足りていない
- 手強い競合商品があるため苦戦している
- コールセンターでの問い合わせ対応のトレーニングが間に合わない
- 営業部で期間限定のスタッフが増える
- それ以外のことは、営業部が経営会議に報告して打ち手を仰ぐ

▼

- 3つの問題点が議論された
    - ・営業の人員が足りていない
    - ・手強い競合商品があるため苦戦している
    - ・コールセンターでの問い合わせ対応のトレーニングが間に合わない
- 2つの対応が決まった
    - ・マーケティング部が営業部に期間限定でスタッフを貸し出す
    - ・それ以外のことは、営業部が経営会議に報告して打ち手を仰ぐ

第2章

超・箇条書きの技術②

物語化

ダメな箇条書き：生々しくない

『超・箇条書き』の第二の要素は「物語化」である。

営業部の新入社員Aさんの例で考えてみよう。

Aさんは今年、目標としていた営業成績を達成できなかった。上司からは次年度の目標を報告するよう求められている。「大志を抱け」が口癖の熱血漢の上司は、その報告を踏まえて、Aさんにアドバイスしてくれることになっている。

ただし、熱血漢の上司はとても忙しく、せっかちだ。簡潔に報告しないと嫌な顔をする。

上司にしっかりと伝わるように、Aさんは報告内容を箇条書きでまとめた（図25）。

この内容で報告すると、上司はどのような顔をするだろうか。

レベル感は整っており、構造化はできている。

最初のグループでは、改善策という行為を「他動詞」で統一している。

2つ目のグループでは、営業成績という状態を表すために「自動詞」を使っている。このため、「自動詞と他動詞の使い分け」はできている。

2つ目のグループで「結果」という言葉を使っていることから、最初のグループの改善策との間には「時間の経過」がある。これは直列の構造だ。その流れが読み手にも伝わるように、「改善策」と「営業成績」という因果関係を表す言葉を使っている。

1つひとつの文や言葉だけではなく、構造にも意味を語らせることで、全体像が一瞬で伝わる工夫がなされている。

そして、「4つの改善策」という「ガバニング」を使っている。4つの改善策を伝える前に、相手の頭の中に引き出しをつくることにも成功している。

このように構造化ができているため、単なる羅列の箇条書きよりは、忙しい上司でも読むのが楽だ。

図25 ダメな箇条書き：生々しくない

- 4つの改善策をとる
  - ・大口の顧客には、先輩社員に協力してもらって価格交渉し、販売単価を上げる
  - ・中堅の顧客には、関連商品も併せて提案し、販売数を伸ばす
  - ・小口の顧客には、今までどおりにコンタクトをとり、販売を推進する
  - ・超小口の顧客にも、今までどおりにコンタクトをとり、販売を推進する
- 結果として、目標とする営業成績は売上3億円である

しかし、この箇条書きは自分に関係のある話としてすぐには頭に入ってこない。自分には関係のない話というか、自分に投げかけられている感じがしないのだ。例えば、このような改善策の箇条書きは、他社でも誰かがその上司に向かって書いていそうだ。

もっと言えば、数十年前からこんな箇条書きはどこにでもありそうだ。きれいごとというか、一般論のようで、生々しくないのだ。そのため引き込まれない。熱血漢の上司にとってはなおさらだろう。

このままAさんが報告したとしても、上司は関心をもってくれないかもしれない。しかもその場合は、十分なアドバイスを得られず、さらには「つまらない報告をするやつだ」と評価を落とす可能性すらある。

物語化の要件は「フックをつくる」こと

箇条書きは、単に羅列化されていたり、構造化されていたりすればよいというものではない。相手が「聞きたい」「読みたい」と思ってくれるように、関心を引くものでなくてはならない。

そのためには相手が置かれている状況、すなわちコンテキスト（文脈）を考えて箇条書きをつくらなくてはならない。

そうしてはじめて、人を引きつける生々しい箇条書きになるのだ。

これが、『超・箇条書き』の第二の要素の「物語化」だ。

前章で紹介したような「構造化すらできていない箇条書き」は山ほどある。

だが、構造化はできているのだが、それでも相手の関心を引けず、結果として伝わらない箇条書きも同じように山ほどある。

そのような箇条書きは、短く、魅力的に伝える箇条書き、『超・箇条書き』としてはまだ0点のままなのだ。

では、物語化で必要なこと、すなわち物語化の要件とは何か。

それは「フックをつくる」ことである。

フックをつくるとは、相手の関心を踏まえ、相手がドキッとする仕掛けを意図的に箇条書きに埋め込むことである。この仕掛けは、全体の流れに埋め込んでもよいし、文の一部に埋め込んでもよい。

こうすることで、相手はその箇条書きを「自分に関係があるもの」として認識し、真剣に読み込んでくれるようになる。

では、具体的にフックはどのようにしてつくればよいのか。

フックをつくるには、いくつかのコツがある。本書では、全体の流れに埋め込むものとして「イントロづくり」と、「MECE崩しで考える」、文の一部に埋め込むものとして「固有名詞を使う」の3つに触れる。

物語化のコツ1 「イントロ」でつかみ、相手を引き込む

フックをつくる最初のコツは、「イントロづくり」だ。

イントロというのは、箇条書きの最初の文を指す。箇条書きで最も大切なのは、このイントロだ。小説などは、出だしの文章が面白いと引き込まれて読み続けるが、そうでないと本を閉じてしまうものだ。

それと同じで、箇条書きも出だしのイントロで引きつけることができないと、それに続く内容は相手にまったく伝わらない。

逆に言えば、イントロの工夫次第で、相手の関心を引きつけることができるのである。

では、イントロで何を伝えるか。

「相手が期待していること」を伝えるのだ。ただしこれは、相手や相手が置かれているコ

ンテキスト次第で変わる。

簡単な例として、企業での採用面接のケースで考えよう。面接官から、「あなたの強みはなんですか？　手短にお答えください」と言われたとする。

次ページの図26、27を見てほしい。

この2つの回答のしかたは、少し見ただけではほぼ同じだ。少なくとも、3つの文の1つひとつは完全に同じで、その順番が異なっているだけだ。どちらの箇条書きが面接官にとって印象がよいだろうか。

答えは図27のほうだ。

理由は、こちらの質問にダイレクトに答えているからだ。

図27の回答は、イントロで質問に対しての答えを伝えている。そして、その次にその答えの理由を説明している。それも大事なことから、順にだ。面接官は忙しい。1人で何人も、または、何十人、何百人も面接しなくてはならない。

だからこそ、早く答えを知りたいのだ。

繰り返すが、相手が期待しているのは「答え」だ。このため、イントロで質問に答えてくれる図27の伝え方のほうが、話に関心をもつことができ、頭にスッと入ってくる。そして、そのような伝え方をする応募者には好感をもつものだ。

一方で、図26の回答は、背景となる学生時代の努力から説明している。続いて、企業での取り組み、そして最後に質問への答えを伝えている。このように背景から説明すると、最後の答えを聞くまで、何が言いたいのかがわからない。

せっかちな面接官であれば、イントロの「学生だった10年ほど前より英会話学校に通い、英会話の基礎を身

図26　採用面接での回答　その1

- 学生だった10年ほど前より英会話学校に通い、英会話の基礎を身に付けました
- 英会話の基礎があったので、5年ほど前より、前職で30社以上の海外企業との提携を担当しており、それを通じて、英語での交渉力を磨き続けています
- 私の強みは、海外企業相手の英語での交渉力です

図27　採用面接での回答　その2

- 私の強みは、海外企業相手の英語での交渉力です
- 英会話の基礎があったので、5年ほど前より、前職で30社以上の海外企業との提携を担当しており、それを通じて、英語での交渉力を磨き続けています
- 学生だった10年ほど前より英会話学校に通い、英会話の基礎を身に付けました

に付けました」を聞いた瞬間に、「この学生の強みは、英会話の基礎を身に付けていることと？」と思う可能性が高い。

しかし実際は、「英会話の基礎があったので、5年ほど前より……」と説明がやたらと続く。これでは「英会話の基礎を身に付けていること」が強みなのか、それともこれから答えが出てくるのかがわからないのだ。

最悪のケースは、話が長いと思われてしまって途中で遮られ、「プロフィールについては結構ですので、強みだけお答えください」と言われることだ。そうなったら、どんな答えをしても〝伝え下手〟や〝コミュニケーションに問題がある人〟と評価されて不採用だろう。

この面接の会話からわかることは、「相手が期待していることにすぐ答えることで、相手の関心を醸成できる」ということだ。イントロがフックとなり、最後まで話を聞いてくれるだろう。

相手の「期待」に合わせ、柔軟に考える

では、新入社員Aさんのケースに戻ろう。

上司が期待しているものは何か。

上司は熱血漢で、「大志を抱け」が口癖だ。そして、新入社員のAさんは今年の営業成績が悪かったため、来年の営業成績の目標を聞かれているのである。どれだけ〝大志〟を抱いているのか。その達成のために、アドバイスをしようとしているのだ。

ゆえにイントロで答えるべきは、何よりも来年の営業成績の目標だ。

しかし、Aさんは最初に改善策を答えていた。それも、丁寧にいくつもの施策を。そしてそのあとに、改善策の結果としての営業成績の目標を伝えていた。

これではせっかちな上司からは、「ごちゃごちゃいいから、どれくらいの成績を目指すのか先に言え。その水準次第で、やるべきことは違うし、こちらのアドバイスも違う」と言われるだろう。

そのように言われるのはましなほうで、一番怖いのは、何も言われず、今後は相手にされなくなることだ。

図28 「イントロづくり」による改善例

- 4つの改善策をとる
  - ・大口の顧客には、先輩社員に協力してもらって価格交渉し、販売単価を上げる
  - ・中堅の顧客には、関連商品も併せて提案し、販売数を伸ばす
  - ・小口の顧客には、今までどおりにコンタクトをとり、販売を推進する
  - ・超小口の顧客にも、今までどおりにコンタクトをとり、販売を推進する
- 結果として、目標とする営業成績は売上3億円である

▼

- 目標とする営業成績は売上3億円である
- このために、4つの改善策をとる
  - ・大口の顧客には、先輩社員に協力してもらって価格交渉し、販売単価を上げる
  - ・中堅の顧客には、関連商品も併せて提案し、販売数を伸ばす
  - ・小口の顧客には、今までどおりにコンタクトをとり、販売を推進する
  - ・超小口の顧客にも、今までどおりにコンタクトをとり、販売を推進する

イントロは、相手が期待していることに答え、相手の関心を引くためのものだ。

それに則ると、新入社員のAさんの報告はこのように変えることができる（図28）。

この伝え方であれば、イントロを伝えられた瞬間に「よし！ 3億円を目指すのか。がんばる気だな。アドバイスするぞ」と思ってくれる。

そして、それに続く改善策もじっくりと聞いてくれ、さらにそれらをよくするためのフィードバックをくれるだろう。

相手が忙しかったり、せっかちだったりすればするほど、イントロが勝負になる。イントロで答え、それをフックにして相手を引きつけることが有効になる。

ユニクロのプレゼンは「ここ」がすごい

イントロをフックにして相手を引き込む。

経営者のプレゼンでもその技術が使われている。

ユニクロの投資家向けのプレゼン資料では、箇条書きがよく使われている。

例えば、柳井社長がプレゼンしたファーストリテイリング（ユニクロを運営する企業）の2015年8月期の決算説明会資料には、次のような箇条書きでまとめられているページがある（図29）。

まず、この箇条書きは「構造化」されている。すなわち、レベル感が整えられている。

２０１５年８月期における各事業の業績が並列構造で述べられている。そして、その詳細についてはレベルを１つ落として説明している。

ただ、『超・箇条書き』の視点で読んだときに、この箇条書きが面白いのは構造化の部分ではない。

面白いのは「物語化」の部分だ。物語化の要件である「フックをつくる」ために、イントロ

図29 ユニクロの決算説明会での箇条書き　その1

2015年8月期の振り返り

- 海外ユニクロ事業が高い成長を維持
  - ・特にグレーターチャイナ、韓国の業績が好調
  - ・米国事業の赤字幅が拡大、全社をあげて課題への対策を強化中
- 国内ユニクロ事業は増収増益を達成
  - ・秋冬シーズンは、ヒートテック、ウルトラライトダウン、ウールセーターなど、冬のコア商品の販売が好調
  - ・春夏シーズンは6月から売上が低調、4Qは大幅な減益
  - ・マストトレンドを掴んだ商品開発、ニュースの発信力に課題
  - ・2014年10月には、グローバル旗艦店のUNIQLO OSAKA、グローバル繁盛店の吉祥寺店を出店し、成功を収める
- ジーユー事業が大きく成長
  - ・2015年8月期は大幅な増収増益を達成
  - ・“ファッションと低価格”の新しいアパレルブランドとして、日本市場で確固たるポジションを確立

【出典】：http://www.fastretailing.com/jp/ir/library/pdf/20151008_yanai.pdf

に工夫がなされている。どう工夫しているのか。

最初の箇条書きは、海外ユニクロ事業についてだ。続いて、国内ユニクロ事業、そして、ジーユー事業だ。

この3つの中で、「イントロ」に敢えて海外ユニクロ事業をもってきているところが面白いのだ。2015年8月期において、ファーストリテイリングの最大事業は、国内ユニクロ事業だ。7801億円の売上で全社売上の約46%を占める。

一方で海外ユニクロ事業は、6036億円の売上で、同36%となり、第二事業だ。実際、この柳井社長の前に最高財務責任者が決算の詳細をプレゼンしているが、そこでは国内ユニクロ事業、海外ユニクロ事業の順で説明されている。

だが、柳井社長のプレゼンでは、海外ユニクロ事業を箇条書きの最初にもってきて伝えている。

なぜだろうか。

これは、海外ユニクロ事業を伸ばすことが経営方針であり、何よりも強調したいことだからだ。

そして、そこに集まる投資アナリストもそのことを理解していてそれに関心がある。

だからこそ、事業規模の大きさを無視して、敢えて最初に海外ユニクロ事業をもってきて総括しているのだ。

この状況がわかるのが、このプレゼンテーションで次に続くスライドだ（図30）。そこには再び箇条書きがあり、今後の成長戦略が書かれている。

この資料を見ると、いかにユニクロが海外を重視しているかがわかる。「グローバルワン・全員経営」を成長戦略の筆頭として、それを何よりも箇条書きの最初に置いている。2つ目も海外事業についてのものだ。だからこそ、先ほどの資料でも「イントロ」に海外ユニクロ事業をもってきている。

図30 ユニクロの決算説明会での箇条書き　その2

今後の成長戦略

1. 「グローバルワン・全員経営」の経営体制の実践
2. 海外ユニクロの高い成長を継続し、ユニクロを世界No.1ブランドにする
3. 国内ユニクロは、地域密着型の個店経営を推進
4. 世界最高水準のサプライチェーンを確立する
5. デジタルイノベーションを進め、新しい産業を創る —顧客ニーズを即商品化する—
6. 異業種との提携を通じて、新しい技術、画期的なサービスを取り込み、新しい産業を創る
7. ジーユー事業の高い成長と、グローバル化
8. アフォーダブルラグジュアリーブランド事業の改革
9. 「世界を良い方向に変えていく」CSR活動の推進

【出典】：http://www.fastretailing.com/jp/ir/library/pdf/20151008_yanai.pdf

売上が大きいからと、国内ユニクロ事業を先にもってきたら、この説明会のコンテキストでは物語が流れないのだ。

規模に応じて、事業を順々に並べる機械的な箇条書きにするのではなく、相手の関心がある事業をイントロで最初に説明する。

そうして物語化された箇条書きによって、アナリストや投資家に、短く、魅力的に自社の状況や方針を伝えているのだ。短い箇条書きのプレゼンでも、イントロを工夫してそれをフックにして物語化することで、相手を引き込んでいる。それが、相手を動かすことにつながっていくのだ。

「アンサーファースト」は万能ではない

結論をイントロにもってくることは〝アンサーファースト〟と呼ばれる。アンサーファーストの伝え方は、あたかも世界共通、かつ、どんな場面でも求められる万能のものとして語られることがある。

確かに、背景や経緯をわかっている人が何よりも欲しいのは、結論だ。相手がそれを期待している場合は、結論をイントロにもってくるべきだ。

しかし、このアンサーファーストも相手によりけりであることには留意すべきだ。相手がまだ背景や経緯を理解していないときは、いきなり結論をもってくるべきではない。相手は何を提案されているのかわからず、自分に関係があることとしての意味を見出せないからだ。つまり、相手側の情報処理が止まってしまう。

そんな箇条書きは本末転倒だ。結論よりも先にその背景や経緯を知りたいこともある。相手が最初に求めている答えは、必ずしも結論とは限らない。

熟練したコンサルタントであれば、プロジェクトの中間報告など、相手が背景や経緯を十分に理解していないときは、まず背景や経緯から話す。結論はその次、場合によっては最後に話す。

一方で、最終報告など、相手が背景や経緯をすでに理解している場合は、結論を最初にもってくる。

また、相手がこちらに十分に関心をもってくれている〝話し手上位〟の場合は、途中で話を止められる可能性も、嫌気がさして思考停止される可能性もないため、背景からじっくり話すということもあり得る。

このように、〝常に結論を最初にもってきてアンサーファーストにすべき〟というのはステレオタイプで、相手の置かれているコンテキストに応じて、イントロは使い分けるべきだ。

例えば、上司が「大志を抱け」が口癖の熱血漢ではなく、志や情熱よりも細部にこだわるような人で、かつAさんのこれまでの経緯に詳しくない人であった場合を考えてみよう。そのようなときは、イントロで高い目標を伝えると、〝大口をたたく精神論だけのやつ〟と思われてしまうかもしれない。

この場合は、もともとの伝え方のように、イントロは改善策から入るのがよい。もっと言えば、昨年の反省など、背景から入るほうがさらによい。

例えば、次のようにまず昨年の振り返りをする（図31）。

繰り返すが、イントロで何を伝えるかは、相手や相手の置かれているコンテキストをどう考えるか次第だ。ここに一義的な成功パターンを求めると、書き手本位の箇条書きになりがちだ。それではフックができずに、相手はこちらの伝えることに関心をもってくれなくなる。それでは意味がない。

イントロをつくって相手を引きつけよう。フックができれば、相手は最後まで関心をもって理解しようとしてくる。そうすることで、短くても、魅力的に伝わる『超・箇条書き』に近づけるのである。

図31 相手に合わせて、イントロは変える

- 4つの改善策をとる
  - ・大口の顧客には、先輩社員に協力してもらって価格交渉し、販売単価を上げる
  - ・中堅の顧客には、関連商品も併せて提案し、販売数を伸ばす
  - ・小口の顧客には、今までどおりにコンタクトをとり、販売を推進する
  - ・超小口の顧客にも、今までどおりにコンタクトをとり、販売を推進する
- 結果として、目標とする営業成績は売上3億円である

▼

- 昨年は特に大口と中堅の顧客向けの営業が上手くいかず、営業成績は1億円にとどまってしまった
- 4つの改善策をとる
  - ・大口の顧客には、先輩社員に協力してもらって価格交渉し、販売単価を上げる
  - ・中堅の顧客には、関連商品も併せて提案し、販売数を伸ばす
  - ・小口の顧客には、今までどおりにコンタクトをとり、販売を推進する
  - ・超小口の顧客にも、今までどおりにコンタクトをとり、販売を推進する
- 結果として、目標とする営業成績は売上3億円である

物語化のコツ2 「MECE崩し」で山場をつくる

続いてのコツは、「MECE崩し」だ。

MECE（ミーシー）という言葉を聞いたことがある人は多いのではないか。MECEとはMutually Exclusive and Collectively Exhaustiveの略で、「漏れなく、ダブりなく」という意味だ。

具体的には、次のようなものがMECEの例だ（図32）。

地球は、北半球と南半球に分けられる。この2つはダブりがないし、ほかに漏れがない。なのでMECEだ。

週も、月曜日から日曜日に分けられる。各曜日にダブりはないし、週にはその7日以外に曜日はない。ゆえにMECEだ。

売上は、グローバル企業では、国内の売上と海外の売上に分けられる。これも漏れなくダブりなく、MECEだ。そして売上は、チェーン店を運営する企業では、既存店の売上と新店の売上に分けられる。これもMECEだ。

この売上の例のように、1つのものごとに対して、MECEとなる分け方は1つに限らない。

ＭＥＣＥはもともと外資系コンサルで使われていた手法だった。ものごとをＭＥＣＥで考えると、重要なことの抜け漏れを避けることができ、さらに重複を避けることもできる。

最近では外資系コンサルに限らず、一般的に広く使われている。大学生の間でも使われているようで、驚いたこともある。

しかし、このＭＥＣＥは広く普及した結果、むやみに使われている。特に箇条書きでは、使い方を誤ると大きな問題が起きる。

それは、「漏れなく、ダブりなく」伝えることでフックをなくしてしまうということ。

つまり、物語化に失敗し、相手の関心を引けなくなるという問題が起きる。

新入社員Ａさんの上司への報告の例をもう一度見て

図32 MECEの例

- 地球
  - 北半球
  - 南半球
- 週
  - 月曜日
  - 火曜日
  - 水曜日
  - 木曜日
  - 金曜日
  - 土曜日
  - 日曜日
- 売上
  - 国内の売上
  - 海外の売上
- 売上
  - 既存店の売上
  - 新店の売上

みよう（図28）。

上司が一番聞きたい来年の営業成績の目標を先に伝えるように変えた。それによって、フックとなる「イントロ」ができた。これで上司の関心を引くことができるようになっている。

だが、あくまでも出だしが成功しただけだ。そのあと集中力を削いでしまったら、相手は最後まで興味をもって聞いてくれないかもしれない。

新入社員Aさんの箇条書きには、まさにその相手の集中力を削ぐ部分がある。

それは2つ目の改善策。具体的には下の階層の4つの文だ。それぞれが個別の改善策を伝えている。

大口の顧客向け、中堅の顧客向け、小口の顧客向け、そして、超小口向けの改善策である。顧客を「大・中・小・超小口」と、その規模に応じて4段階でMECEに分けているのだ。

このように顧客をMECEに分け、それぞれの改善策を伝えることで、漏れやダブりはなくなっている。

新入社員AさんがMECEにこだわるロジカルバカだったら、すべてを伝えられてとても満足だろう。

図28 「イントロづくり」による改善例（再掲）

- 4つの改善策をとる
  - ・大口の顧客には、先輩社員に協力してもらって価格交渉し、販売単価を上げる
  - ・中堅の顧客には、関連商品も併せて提案し、販売数を伸ばす
  - ・小口の顧客には、今までどおりにコンタクトをとり、販売を推進する
  - ・超小口の顧客にも、今までどおりにコンタクトをとり、販売を推進する
- 結果として、目標とする営業成績は売上３億円である

▼

- 目標とする営業成績は売上３億円である
- このために、4つの改善策をとる
  - ・大口の顧客には、先輩社員に協力してもらって価格交渉し、販売単価を上げる
  - ・中堅の顧客には、関連商品も併せて提案し、販売数を伸ばす
  - ・小口の顧客には、今までどおりにコンタクトをとり、販売を推進する
  - ・超小口の顧客にも、今までどおりにコンタクトをとり、販売を推進する

しかし、このようにMECEに伝えることは、相手にとって迷惑なときがある。相手の集中力を削いでしまうのだ。

それはなぜか。新入社員Aさんの改善策を改めて見てもらいたい。

その情報、伝える必要がありますか？

この場合、小口や超小口の顧客の改善策は上司に伝える必要があるのだろうか。

大口の顧客向け営業には、先輩社員に協力をしてもらうという、上司にとって新たな情報がある。

中堅の顧客向け営業では、従来営業している商品に加えて関連商品も営業するという、これも上司にとって新たな情報がある。

しかし、小口や超小口の顧客向けの営業は、何もやることは変わらないし、「推進する」という具体性に欠ける言葉が使われており、上司にとって新たな情報がない。

そもそも、上司に報告すべき情報は「売上達成のための改善策」だ。やることが変わらないのであれば、小口や超小口の情報は、優先度の低い情報といえる。

この情報を伝えることで、「小口と超小口はどうするの？」「あれっ、改善策は？」と集中力が削がれてしまう可能性が高い。

イントロがフックとなり、Aさんの話に引き込まれていたのに、これでは本末転倒だ。Aさんはがんばって MECEで伝えたのだが、それが原因で相手の関心を引けなくなってしまっている。

つまり、MECEで伝えたことが原因となり、物語化に失敗してしまっているのだ。

もっと言えば、そもそも営業においては、大口や中堅の顧客に集中することで成績を伸ばすというのが営業戦略の基本だ。小口や超小口は手間がかかるわりには売上規模が小さいからだ。

そのため、来年の所信表明でわざわざ小口や超小口の顧客向けの施策を力説すると、「ああ、こいつはやることが総花的で、営業戦略の視点がないから成績が上がらないのだな」と思われ、この箇条書きで余計に自らの評価を下げるかもしれない。

箇条書きで伝えるときには、MECEにこだわるべきではない。考えたり、頭を整理したりするときにはMECEを使うにしても、伝えるときには、敢えて「MECE崩し」をしたほうがよいことがある。

新入社員Aさんの例では、次ページの図33のようにMECEを崩すのがよい。

小口や超小口の顧客向けのことは伝えず、MECEを敢えて崩すのだ。そしてシンプルに、改善策を2つに絞って伝える。

上司にとっては届けられる情報量は減るのだが、重要なことだけを聞かされるため、Aさんの物語を聞くのに最後まで集中力がもつ。絞ることで、物語の山場がハイライトされて伝わるからだ。

これまでは単に「4つの改善策をとる」としていたが、箇条書きをつくるときに、一番重要なのは大口や中堅を重点的に攻めることだと気づいたとする。その場合は、「4つの改善策をとる」としていたのを「2つの改善策に集中する」と、そのことをそのまま明示して伝えるとよい。

重要度の低いことは伝えない。

考える過程で気づいた重要なことは伝える。

そうすることで、上司からは「こいつは、大口顧客と中堅顧客を集中的に攻めるつもりだな。〝捨てる〟という営業戦略の基本ができている。これは期待できるな」と思われるだろう。

図33 「MECE崩し」による改善例

- 目標とする営業成績は売上3億円である
- このために、4つの改善策をとる
  - ・大口の顧客には、先輩社員に協力してもらって価格交渉し、販売単価を上げる
  - ・中堅の顧客には、関連商品も併せて提案し、販売数を伸ばす
  - ・小口の顧客には、今までどおりにコンタクトをとり、販売を推進する
  - ・超小口の顧客にも、今までどおりにコンタクトをとり、販売を推進する

▼

- 目標とする営業成績は売上3億円である
- このために、2つの改善策に集中する
  - ・大口の顧客には、先輩社員に協力してもらって価格交渉し、販売単価を上げる
  - ・中堅の顧客には、関連商品も併せて提案し、販売数を伸ばす

「相対的ＭＥＣＥ」を使いこなす

ＭＥＣＥといわれているものは、２つに大別できる。

１つは、いつなんどきでも誰でもＭＥＣＥと定義できるもので、相手を問わないものだ。絶対的なＭＥＣＥともいえる。

もう１つは、相手の関心や置かれている状況など、相手のコンテキスト次第ではじめてＭＥＣＥと定義できるものだ。相対的なＭＥＣＥともいえる。

結論を先に言えば、箇条書きに向くのは後者の相対的なＭＥＣＥだ。

もし絶対的なＭＥＣＥを使っていたら、ＭＥＣＥ崩しをする余地はないか考えるべきだ。例えば、絶対的なＭＥＣＥと相対的なＭＥＣＥの違いは次のような例で考えることができる（図34）。

１週間というのは、月曜日、火曜日、水曜日、木曜日、金曜日、土曜日、日曜日とで、漏れなくダブりなく分けられる。

これは、いつなんどきでも誰でもＭＥＣＥと定義できるものだ。つまり絶対的なＭＥＣＥだ。

一方で次の場合はどうか。

同じ1週間にかかわるものでも「あなたの勤務日はいつか？」という問いに対する答えを考える。

これは、先ほどの月曜日、火曜日、水曜日、木曜日、金曜日、土曜日、日曜日までの絶対的なMECEと異なり、人によって答えが違う。平日勤務の人は月曜日から金曜日だが、飲食店などの週末重点勤務の人は週末に出勤するため、水曜日から日曜日と答えるかもしれない。

これらの答えはその人にとっては漏れなくダブりなくにはなっているが、人によって違う。これは相手や相手のコンテキストによって異なるため、相対的なMECEだ。

伝えるときに選ぶべきMECEは、この

図34 絶対的MECEと相対的MECEの例

絶対的なMECE

1週間とは何か？
（いつなんどきでも同じ）

・月曜日
・火曜日
・水曜日
・木曜日
・金曜日
・土曜日
・日曜日

相対的なMECE

あなたの勤務日はいつか？
（相手によって答えが異なる問い）

【平日勤務の人】	【週末重点勤務の人】
・月曜日	・水曜日
・火曜日	・木曜日
・水曜日	・金曜日
・木曜日	・土曜日
・金曜日	・日曜日

相対的なＭＥＣＥだ。

「各勤務日に何をやっているの？」と聞かれたときは、それぞれの人が自分の相対的なＭＥＣＥによって答えるはずだ。１週間の曜日の絶対的なＭＥＣＥでは答えない。

２つのＭＥＣＥの違いを意識しながら、新入社員Ａさんの例を改めて振り返ってみよう（図33）。

Ａさんは顧客を、大口の顧客向け、中堅の顧客向け、小口の顧客向け、そして、超小口向けに分けていた。規模に応じて４段階にしたわけだ。

このときのＭＥＣＥは絶対的なＭＥＣＥだ。

一方で、「MECE崩し」をしたあとは、大口と中堅向けの改善策だけを伝えていた。これは絶対的なＭＥＣＥに照らし合わせると、小口と超小口が抜けており、ＭＥＣＥではないように見える。

だが仮に、Ａさんの営業の課題が大口と中堅の２つだけだというのが上司と共有されている場面だったらどうだろうか。

そのような場合、「営業の課題はどこにあるか」という問いに対しての答えは、大口と中堅だけだ。それだけでＭＥＣＥとなる。

伝えるときは、相手のコンテキストにしたがって、ＭＥＣＥを定義する必要がある。

図33「MECE崩し」による改善例（再掲）

- 目標とする営業成績は売上3億円である
- このために、4つの改善策をとる
  - ・大口の顧客には、先輩社員に協力してもらって価格交渉し、販売単価を上げる
  - ・中堅の顧客には、関連商品も併せて提案し、販売数を伸ばす
  - ・小口の顧客には、今までどおりにコンタクトをとり、販売を推進する
  - ・超小口の顧客にも、今までどおりにコンタクトをとり、販売を推進する

▼

- 目標とする営業成績は売上3億円である
- このために、2つの改善策に集中する
  - ・大口の顧客には、先輩社員に協力してもらって価格交渉し、販売単価を上げる
  - ・中堅の顧客には、関連商品も併せて提案し、販売数を伸ばす

しかし、MECEが普及したことに比例して、無暗にMECEで箇条書きをつくる人が増えている。

繰り返す。

箇条書きで伝えるときには、相対的なMECEで考えるべきだ。

誤解しないでほしいのだが、絶対的なMECEで考えること自体は悪いことではない。常にどんなときでも使えるフレームワークのため、考えが整理されるし、抜け漏れを防ぐことができる。

絶対的なMECEを思考のとっかかりとして使う分にはよい。

ただし、伝えるときは絶対的なMECEを敢えて崩し、相手にとって大事な部分だけに絞って伝えることに徹する。

相手のコンテキストに合った相対的なMECEだからこそ、相手は引き込まれ、最後までその物語に入り込んでくれる。

結果的に、短くても魅力的に伝わるのだ。

物語化のコツ3　「固有名詞」で具体的にイメージさせる

「イントロづくり」や「ＭＥＣＥ崩し」のように箇条書きの全体の流れに手を入れるのではなく、１つひとつの文に手を加えることでさらにフックをつくることもできる。

それが、物語化の３つ目のコツの「固有名詞を使う」だ。

これは簡単だ。まず一般名詞を探す。そして、それについて相手と共有できる固有名詞があれば、それに置き換えるのだ。

一般名詞は抽象度が高い。そのため相手は、伝えられたことを「自分ごと」としてイメージしにくい。

一方で、固有名詞、特に相手がよく知っている固有名詞を伝えた場合はどうなるか。相手は自分にかかわる固有名詞であれば、それを具体的にイメージできる。その固有名詞で示されるものについて、これまでの経験やそれに関するコンテキスト情報が頭の中にあるからだ。

わずか数文字の言葉なのに、もともと頭の中にあったコンテキスト情報も加味して情報処理される。ゆえに、クリアに理解できるのだ。

例えば、大学生の採用面接のエントリーシートでの箇条書きで考えてみよう。次のように、一般名詞を使った伝え方と、固有名詞を使った伝え方を比較する（図35）。

左側、一般名詞を使った伝え方は、読んでいて当たり障りがない。事実として情報処理はできる。しかし、それらを情報処理するときに、頭の中からそれにかかわる新しい情報を取り出すことはない。

一方で、右側の固有名詞を使った伝え方はどうだろうか。

1つ目の文では、「海外在住の経験」ではなく、「シンガポール在住の経験」とすることで、「シンガポールに居たということは、多様性を受け入れられる人かもしれない」と相手はイメージするかもしれない。

図35　固有名詞を有効活用する

一般名詞		固有名詞
• 私は海外在住の経験があります	⇔	• 私はシンガポール在住の経験があります
• 会社案内に出ていた社員の方の考え方に共感し、情熱に刺激を受けました	⇔	• 会社案内に出ていた情報システム部の山本さんの考え方に共感し、情熱に刺激を受けました

また、面接官が青春時代をシンガポールで過ごしていた場合などはどうだろう。当時の楽しい思い出を頭の中で呼び起こし、その思い出と一緒に、このエントリーシートを読んでくれるかもしれない。

そうなれば、この面接官にとって、この応募者のエピソードは記憶に残り、かつよい印象になるはずだ。相手が同じ地元出身の人だとわかったら、論理を超えてうれしくなるのと一緒の感覚だ。

2つ目の例はどうだろうか。一般名詞の「社員の方」という言葉で伝えられたときは、「はいはい、お世辞ね。社交辞令をありがとう」としか思わないかもしれない。

ここで、「社員の方」というのを固有名詞の「情報システム部の山本さん」に変えると、面接官の情報処理は一変する。

まず「情報システム部」という社内の部署名が出たことで、その応募者が情報システム部の部屋に居る姿をイメージするかもしれない。さらに「山本さん」という固有名詞を見て、「山本のようなやつと気が合うなら、うちの会社には合っているかも」と思ってもらえるかもしれない。

これらはその面接官が、事前に頭の中にあった「情報システム部」や「山本さん」についての情報を、エントリーシートの「情報システム部の山本さん」という言葉を見たときに、一緒に処理するからだ。共通の知人がいることがわかると、相手に急に親近感をもつ感覚と同じだ。

固有名詞は、短い言葉にもかかわらず、相手の関心を引くフックとなり、より多くの意味を伝えることができるのだ。

では再び、新入社員のAさんの箇条書きの例で、このことも点検してみよう。Aさんの先ほどの箇条書きにおいて固有名詞に変えられるものはないか。

1つは、「大口の顧客」や「中堅の顧客」だ。顧客の数が限られているときは、顧客名を固有名詞で伝えることが考えられる。そうすれば上司は、「あそこの企業に行くなら、俺が昔の知り合いに口を利いてやれるかも」などとイメージが湧くかもしれない。結果、Aさんはより具体的なアドバイスをもらえるだろう。

顧客の数が多過ぎて、固有名詞で語りきれない場合でも、まだ2つある。「先輩社員」という一般名詞と、「関連商品」という一般名詞の2つだ。

固有名詞に置き換えたほうが、相手はドキッとし、関心をもってくれ、真剣に理解しようとしてくれるだろう。

例えば、次のように書き換える(図36)。

「先輩社員」という一般名詞を「山田さん」という固有名詞に変える。そうすることで、

「山田さん」と伝えられたときに、上司は山田さんに対する頭の中の情報も一緒に処理してくれる。

「山田は交渉がタフだから、山田が同席してくれるなら、実現しそうだな」などと、より具体的なイメージも湧くようになる。

また、「関連商品」という一般名詞を「ダイヤモンド・メーカー」という具体的な商品名に変える。

上司は自社商品である「ダイヤモンド・メーカー」に対する事前知識があるから、事前知識を活かして「ダイヤモンド・

図36 「固有名詞」による改善例

- 目標とする営業成績は売上3億円である
- このために、2つの改善策に集中する
  - ・大口の顧客には、先輩社員に協力してもらって価格交渉し、販売単価を上げる
  - ・中堅の顧客には、関連商品も併せて提案し、販売数を伸ばす

▼

- 目標とする営業成績は売上3億円である
- このために、2つの改善策に集中する
  - ・大口の顧客には、<u>山田さん</u>に協力してもらって価格交渉し、販売単価を上げる
  - ・中堅の顧客には、<u>「ダイヤモンド・メーカー」</u>も併せて提案し、販売数を伸ばす

メーカーはAさんのスキルだとまだ売りにくいから別の商品のほうがいいな」と軌道修正を薦めるなど、具体的なアドバイスをしてくれるかもしれない。

これも固有名詞を使うことで、その箇条書きに引き込まれるからだ。

悩み相談メールも、固有名詞で生々しくなる

フックをつくって相手を引き込むために固有名詞を使いたい。だが、使うのが難しそうなときがある。

例えば、コンセプトや総論的な話など、抽象的なことを伝えたい場合はどうすればよいのだろうか。

そういうときでも固有名詞は使える。使うべきだ。ただでさえ抽象的なことなのだから、少しでも固有名詞を入れて、相手を引き込むのだ。

では、抽象的なことを伝えるときに、どのように固有名詞を使えばよいか。

そのような場合に固有名詞を使うテクニックは、抽象的な文の下位に、その例を示すものとして固有名詞の文を入れるのだ。あくまでも例なのだが、そこに固有名詞があるだけで、急に箇条書き全体に生々しさが出てくる。

例えば、会社の先輩に次のような箇条書きのメールで相談したとする（図37）。

「仕事のスピードが遅い」や「プレゼンが上達しない」という悩みは、多くの人が抱えているものだ。とても一般的だ。

このため、メールを受けた先輩としても、一般的過ぎてピンとこないかもしれない。

「まあ、あるあるだよな。あまり、大事じゃないんじゃないか」とか、「思い込み過ぎじゃないの。誰でもそんな悩みは抱えている」と感じて、真剣に読まないのだ。

結果的に、この悩みへのアドバ

図37　先輩への悩み相談メール

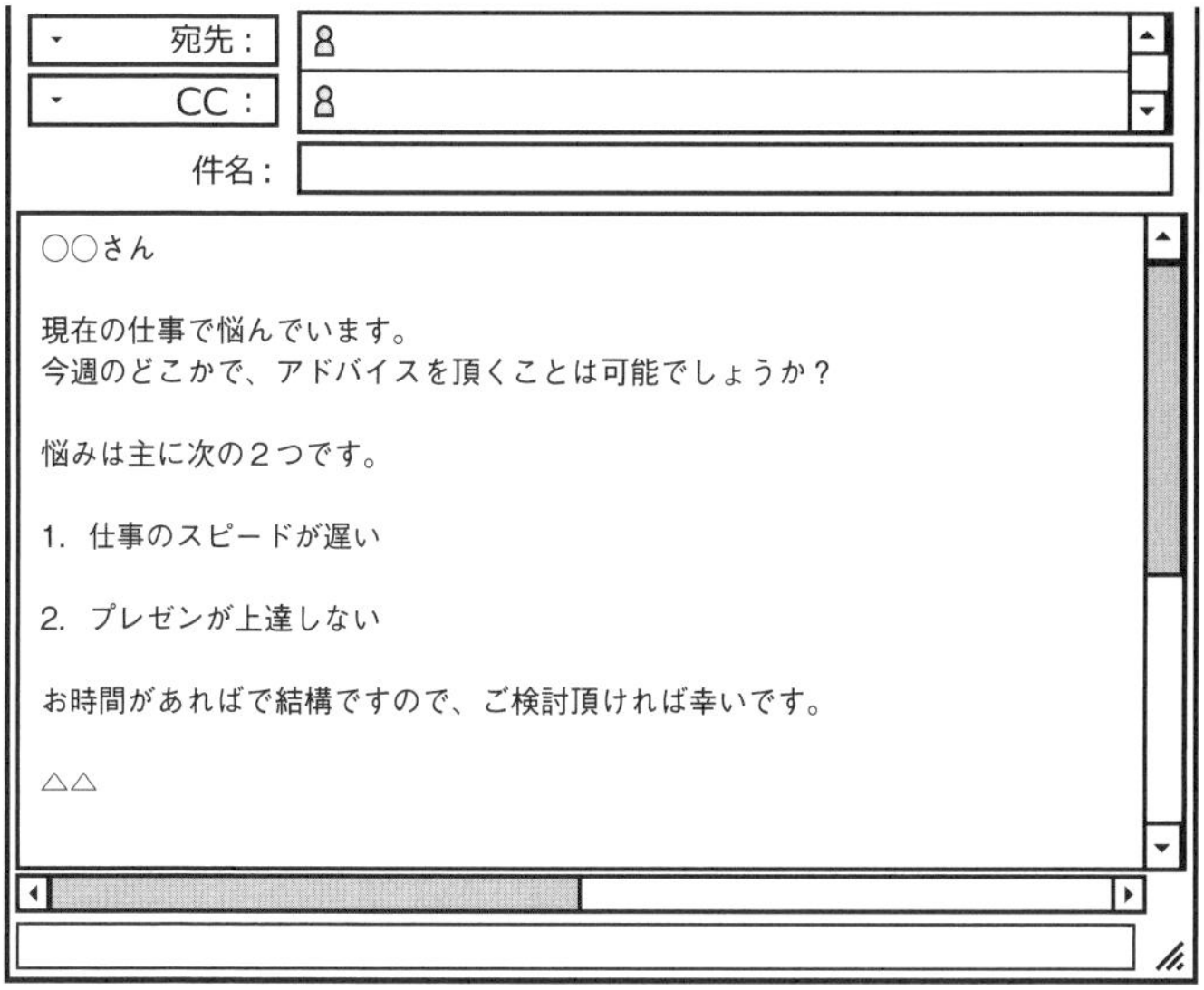
宛先：
CC：
件名：
○○さん
現在の仕事で悩んでいます。
今週のどこかで、アドバイスを頂くことは可能でしょうか？
悩みは主に次の２つです。
1. 仕事のスピードが遅い
2. プレゼンが上達しない
お時間があればで結構ですので、ご検討頂ければ幸いです。
△△

イスは先送りされるかもしれない。

ここで、このメールの箇条書きに、次のような固有名詞を使った例文を入れてみたらどうだろうか(図38)。

箇条書きの1段目は、まったく同じものだ。加えたのは、それぞれの2段目の例だ。例を固有名詞で入れた。それによってどう変わったか。

最初のグループは、これまでは「仕事のスピードが遅い」という抽象的な悩みに過ぎなかった。

しかし、固有名詞で特定された資料作成の話題を例として入れることで急に生々しくなり、イメー

図38 固有名詞を使ったメールの改善例

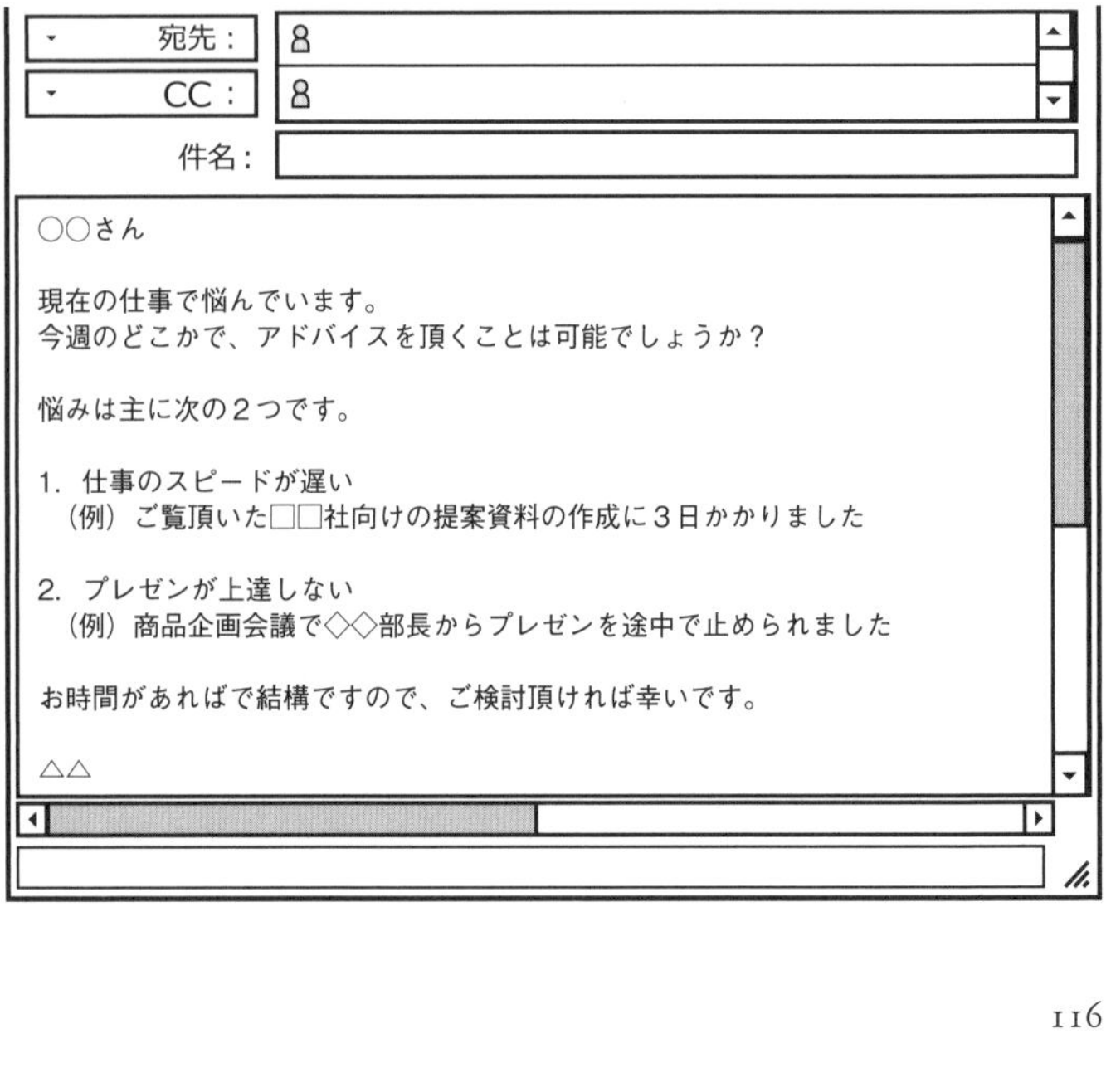

宛先：
CC：
件名：
○○さん
現在の仕事で悩んでいます。

今週のどこかで、アドバイスを頂くことは可能でしょうか？

悩みは主に次の2つです。
1. 仕事のスピードが遅い
（例）ご覧頂いた□□社向けの提案資料の作成に3日かかりました
2. プレゼンが上達しない
（例）商品企画会議で◇◇部長からプレゼンを途中で止められました
お時間があればで結構ですので、ご検討頂ければ幸いです。
△△

ジが湧くようになる。先輩からすれば「あの資料で3日かかったのか。それはひどいな。アドバイスしてやるか」と思うかもしれない。

2つ目の悩みも「プレゼンが上達しない」という誰もが悩むようなことだった。そこに、特定の会議名と、さらに、ある部長にプレゼンを止められたということを例で加えた、それも固有名詞で。固有名詞で会議名と部長名が挙げられたため、先輩からすれば急にそのシーンのイメージが湧くようになる。相談してきた後輩の悔しさに共感できるようになる。

抽象度が高く、直接は固有名詞を入れられないものでも、例として固有名詞を下の段に加えるだけで、急に箇条書き全体が生々しくなるのだ。相手は引き込まれ、最後まで集中して読んでしまうのである。

これは、経営戦略や経営課題など、抽象度が高いものを扱う外資系コンサルでも、熟練したコンサルタントが使うテクニックの1つだ。

抽象度が高いものをそのまま伝えても、生々しくなく、イメージが湧かない。そのようなときには例を入れるのだ。

例えば、国内事業から海外事業に重点を移すときに、「国内から海外に経営リソースをシフトさせる」と伝えること自体は真っ当だ。

だが、それではイメージが湧かない。

例えばそこで、その文の下に「(例) 相模原市の工場を廃止し、インドネシアのジャワ島に工場を新設する」と入れる。相手にとっては「国内から海外への経営リソースのシフト」がイメージしやすくなり、真剣に受け止めてもらうことができる。

それでいて、もともとの抽象度が高い文の意味を何も損なっていない。箇条書きにおいては、抽象度の高い文と固有名詞の例文というのは、強力な組み合わせなのだ。

新入社員のAさんの箇条書きを改めて考えてみよう。

先ほどは直接的に固有名詞を加えたが、もとの文をそのまま活かし、例文として固有名詞を入れるのも効果的だ(図39)。

伝える言葉が増えるのは、相手の情報処理を楽にすることに強みがある箇条書きとしてはマイナスだ。

だがそれによって、全体がより生々しく具体的なイメージが湧くものになっている。固有名詞の例文がフックとなっているのだ。情報量が多いことのリスクと、生々しくなることで引き込めることのメリット。その2つのトレードオフを考えながら、自分でよいと思う組み合わせを選ぶとよい。

このように、抽象度が高いものを伝えるときには、セットで固有名詞の例を伝える余地

図39 「固有名詞」を活かした、より生々しい箇条書き

- 目標とする営業成績は売上3億円である
- このために、2つの改善策に集中する
  - 大口の顧客には、先輩社員に協力してもらって価格交渉し、販売単価を上げる
  - 中堅の顧客には、関連商品も併せて提案し、販売数を伸ばす

▼

- 目標とする営業成績は売上3億円である
- このために、2つの改善策に集中する
  - 大口の顧客には、先輩社員に協力してもらって価格交渉し、販売単価を上げる
    (例) 山田さんと一緒に価格を交渉する
  - 中堅の顧客には、関連商品も併せて提案し、販売数を伸ばす
    (例) ダイヤモンド・メーカーも提案する

がないかを点検しよう。

それによって、抽象度が高くても生々しさをつくることができるのだ。

プレゼンは、聞き手を「主人公」にする

固有名詞を使う。この手法が相手を引き込むのに特に効果的なケースがある。

それはプレゼンだ。

プレゼンは相手を特定できることが多い。1人ひとりの氏名はわからなくても、相手の組織やグループ、その集まりの名前などによってだ。

例えば、セミナー参加者に対するプレゼンであれば、固有名詞はわからなくても、「○○セミナーに参加の皆さま」という形で、ある程度の特定ができる。

特定の人に面と向かってプレゼンするときは、その人たちがイメージしやすい固有名詞を主語として入れる余地はないか考えるとよい。

最も引き込まれる物語とは、自分が登場するものだ。目の前にいる人にそう言われてドキッとしない人はいない。

そして、目的語と主語であれば、目的語なら脇役だが、主語であれば主人公になる。主

語として相手の名前を固有名詞で入れて登場させることができるのであれば、入れるべきだ。個人名でなくても、組織の部署名でも企業名でもよい。

　例えば、次のプレゼンで主語として固有名詞を使う余地を考えよう（図40）。

　経営企画部のスタッフが、経営会議でプレゼンするスライドである。

　景気が悪化していて、売上が伸びない。しばらくは景気がよくなる見通しはない。当面はコスト削減で収益の悪化を食い止めたい。各部署にはコスト削減の必要性を理解してもらいたい。

　それがこのスタッフの意図だ。言いたいことは明確だ。だが、ドキッとしない。引き込まれない。

図40　プレゼンでの主人公不在の箇条書き

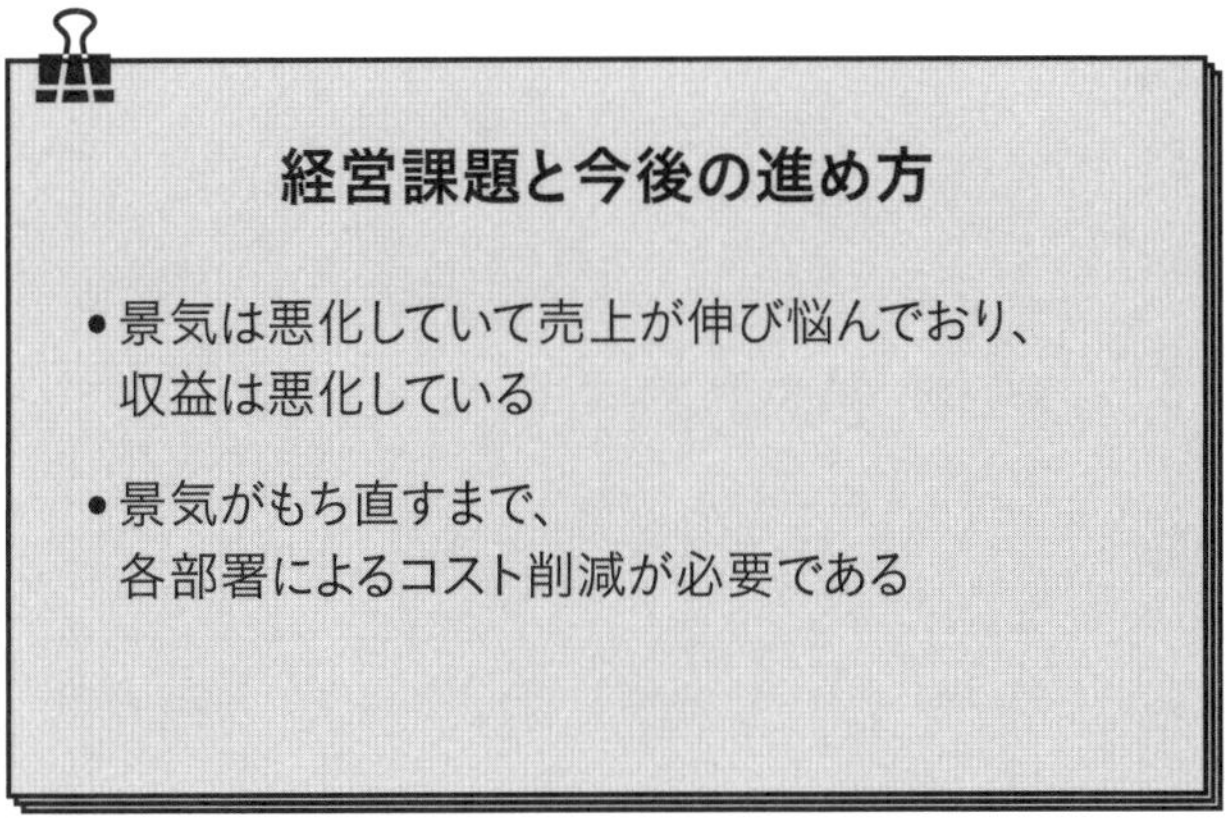
経営課題と今後の進め方
•景気は悪化していて売上が伸び悩んでおり、収益は悪化している
•景気がもち直すまで、各部署によるコスト削減が必要である

物語化する必要がある。固有名詞を使えないかを考える。特に主語として。

最初の文では、「収益は悪化している」とあるが「誰が」というのが抜けている。経営企画部のスタッフからすると相手は自社の社員なのだから、わざわざ言わなくてもいいだろう、ということで入れていない。確かにここで「我が社は」とか「当社は」などと入れても意味はない。

だが、ここで自社の名前を固有名詞で入れると、急に情景が鮮明になる。

この会社が「杉野商事」だったら、そのように入れるとよい。

この箇条書きの物語の主人公は、自分もその一部である自社なのだ。他人事ではなく、自分も主人公なのだと、相手に伝わる

図41 プレゼンでの主人公を固有名詞で入れた箇条書き

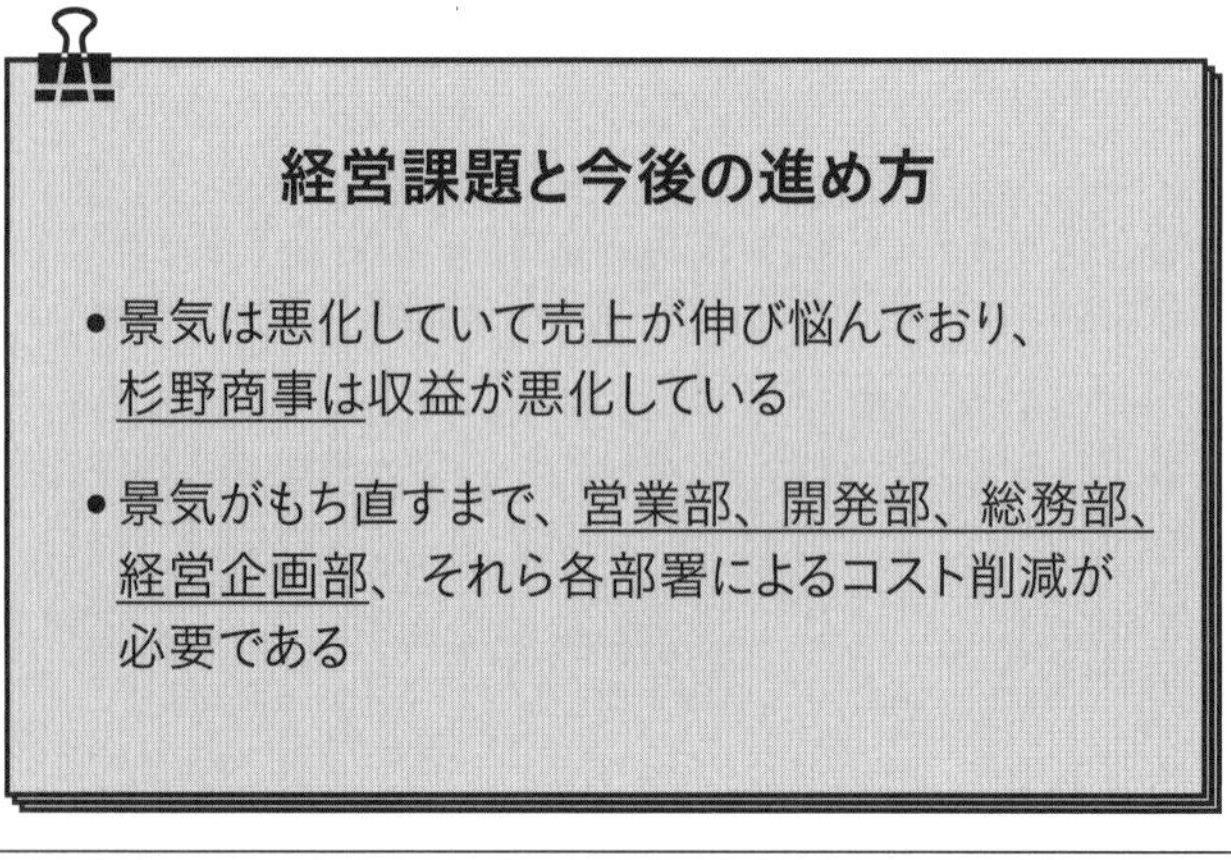
経営課題と今後の進め方
•景気は悪化していて売上が伸び悩んでおり、杉野商事は収益が悪化している
•景気がもち直すまで、営業部、開発部、総務部、経営企画部、それら各部署によるコスト削減が必要である

ようになる。

また、次の文の「各部署」というのも、短い言葉で書かれていてよいのだが、グッとこない。聞く人からすると、他人事のようにすら聞こえる。

多少長くはなるが、部署名を固有名詞で入れてみる。そうすると、名前を入れられた部署の人は、プレゼンで名前を言われた瞬間にゾクッとくる。自分がそのコスト削減の主人公だと思えるからだ。

具体的には次のようにするとよいだろう（図41）。会議に参加してプレゼンを聞いていた営業部、開発部、総務部、経営企画部の人たちは、急に自分の物語として背筋を伸ばしてこのプレゼンを聞くようになるだろう。

このように箇条書きの物語化では、固有名詞を使うことが有効だ。

特にプレゼンやメールなど、事前に相手が明確にわかっている場合は、相手がイメージしやすい固有名詞を入れるとフックになり、引き込むことができる。

主人公として登場させることができるなら、なおさらそうすべきだ。

聞き手とそのコンテキストを考え抜く

物語化の3つのコツを紹介してきた。「イントロづくり」、「MECE崩し」、「固有名詞を使う」の3つだ。

それらの技術を使うと、Aさんの箇条書きは、次のように改善できた（図42）。

伝え方としては、わずか数行しかない箇条書きなので小さな差だ。

だが、その小さな差で、相手の関心を引きつけるには十分な差が生まれるのである。

相手のコンテキストを考えて、全体の流れをつくり物語化する。それによって、相手は関心をもって最後まで読み切れるようになる。

短くても、魅力的にこちらの伝えたいことが相手に伝わるのだ。

ただ、ここまですでに前提としていたことで、触れてこなかった大切なことがある。

それは、相手のコンテキストをとことん考え抜いた上で、箇条書きを書く必要があるということである。

箇条書きとは、相手に伝えるものであり、相手を想定する必要がある。「イントロづくり」、「MECE崩し」、「固有名詞を使う」のいずれにしても、相手がどんな人で、何に関

図42 「物語化」による改善例

- 4つの改善策をとる
  - ・大口の顧客には、先輩社員に協力してもらって価格交渉し、販売単価を上げる
  - ・中堅の顧客には、関連商品も併せて提案し、販売数を伸ばす
  - ・小口の顧客には、今までどおりにコンタクトをとり、販売を推進する
  - ・超小口の顧客にも、今までどおりにコンタクトをとり、販売を推進する
- 結果として、目標とする営業成績は売上3億円である

▼

- 目標とする営業成績は売上3億円である
- このために、2つの改善策に集中する
  - ・大口の顧客には、山田さんに協力してもらって価格交渉し、販売単価を上げる
  - ・中堅の顧客には、「ダイヤモンド・メーカー」も併せて提案し、販売数を伸ばす

心があり、どんなコンテキストに置かれているかを想定しないと、物語化はできない。

このため、箇条書きを物語化するときには、相手とそのコンテキストをとことんイメージすることが必要だ。

プレゼンの際、箇条書きで伝えるときには、聞き手はどのような人たちなのか、参加者名簿があれば、それを確認してイメージするとよい。

何に関心がありそうで、何に関心がなさそうなのか。

また時間があれば、プレゼン会場を下見して、プレゼンにおいて相手の置かれている立場を想像してみてもよい。

メールの場合はどうだろうか。相手がどれくらい忙しくて、朝、昼、晩のどのタイミングで、どの隙間時間で読んでくれるのかをイメージするとよい。

相手が社内のさまざまな部署との折衝をしていて、頭の中がそればかりのときは、部署名や社員名などの固有名詞を入れたメールをすると、もともともっていた情報と一緒に情報処理してくれて、より生々しく受け止めてくれるかもしれない。

ロジカルバカの箇条書きのままで終わる人と、物語化された『超・箇条書き』をつくれる人との根本的な違いはここにある。

『超・箇条書き』は人を動かすためのものである。そうであれば、必ず相手を想定しなくてはならない。

超・箇条書きは、書き手のためのものではない。相手のためのものなのだ。

超・箇条書きをつくる、特に物語化のためにフックをつくろうとする際には、自問自答してみよう。

箇条書きをつくることが目的化していないか。それで何を達成したいかが不明確ではないか。

超・箇条書きとは、言葉遊びでも、単なる技術でもなく、相手のことをとことん考える作業でもあるのだ。

第3章

超・箇条書きの技術③

メッセージ化

ダメな箇条書き：「で、それが何？」で終わる

『超・箇条書き』の第三の要素は「メッセージ化」である。

ここでも、新入社員Aさんに登場してもらって考えてみよう。

Aさんは営業現場での研修を終え、マーケティング部に配属された。

マーケティング部では、自己紹介を兼ねて、新入社員には所信表明を最初の朝礼でしてもらうのが通例となっている。

朝礼の時間も限られていることから、所信表明のフォーマットは、1枚の箇条書きのスライドとそれについての1分間スピーチと決まっている。所信表明の相手となるマーケティング部の先輩社員たちは、「今年の新入社員にデキのよさそうなやつはいるかな」と、お手並み拝見という構えで朝礼に参加する。

Aさんは学生時代、経営学部でマーケティングを学んでいたこともあり、自信をもって、次のような発表をすることとした（図43）。

マーケティング部の先輩たちのAさんに対する評価はどうなるだろうか。

この所信表明はマーケティングを大学で学んだAさんらしいところがある。マーケティ

ングでは「顧客」という視点が欠かせない。最初の文では、「お客様に喜んでいただける」という言葉も入っている。

だが、この所信表明をもし先輩社員が聞いたら、それもマーケティングに精通しているデキる社員が聞いたら、「ああ、こいつは使えないや」と思うだろう。

メッセージ化の要件は「スタンスをとる」こと

理由は、この箇条書きには新しい情報がないからだ。

Aさんがつくった6か条は、一見したところではもっともらしい。

だがそれまでだ。

当たり前のことなのだ。

図43 ダメな箇条書き：「で、それが何？」で終わる

＜私の約束：6か条＞

- お客様に喜んでいただける新商品をつくります
- 差別化された新商品をつくります
- 自分の信じる新商品をつくります
- できるかぎり数多くの新商品をつくります
- 一生懸命に効率的に業務を実行します
- すべてのことで自分のベストを尽くします

ここには、マーケティング部に所属するすべての人に求められることが書かれている。それゆえ、先輩社員たちの心に響くものは何もない。新たに情報処理すべきことがないからだ。

先輩たちは、マーケティングをずっとやってきたその道のプロだ。マーケティングの一般論を聞いてもしょうがない。この所信表明では、Aさんは評価を下げてしまうかもしれない。

箇条書きは、相手にとって情報処理をする価値があるもので、かつ心に響くものでなくてはならない。心に響くからこそ、新たに行動をしてくれるわけだ。

相手の心に響かせ、そして動いてもらうために文の表現を磨くことを「メッセージ化」と呼ぶ。この「メッセージ化」こそが、人を動かす箇条書き、『超・箇条書き』の第三の要素だ。

では、メッセージ化の要件とは何か。

それは「スタンスをとる」ことだ。スタンスをとるとは、伝えたいことに対して「自分の立ち位置」を明確にすることである。

賛成なのか、反対なのか。

A案なのか、B案なのか。

やりたいのか、やりたくないのか。

こうした意志表示をしっかり行うことだ。

その逆に、一般的なこと、無難なこと、当たり前のことを言ってはいけない。

スタンスをとる作業にも、いくつもの技術的なコツがある。その中から本書では、「隠れ重言を排除する」、「否定を使う」、「数字を使う」の3つを取り上げたい。

メッセージ化のコツ1　「隠れ重言」を排除する

コツの1つ目は、「隠れ重言」を排除することだ。

重言とは、「顔を洗顔する」や「頭痛が痛い」など、意味が重複している表現だ。これらは冗長になるため、避ける人は多いであろう。

しかし、このようなわかりやすい重言だけではなく、「隠れ重言」もある。

「隠れ重言」とは、文のなかでは重複はないが、そのコンテキストを踏まえると重複していて、わざわざ伝える意義がないものだ。このため、それを伝えられた人もたいした意味を見い出すことができない。

伝える情報量に限界があるのに、「隠れ重言」で箇条書きを埋めてしまうのは、とてももったいないことだ。

短く、魅力的に伝える『超・箇条書き』では、「隠れ重言」を排除する。

では、隠れ重言とは具体的にはどのようなものか。

身近なもので考えよう。スポーツを例にする。

サッカーの日本代表戦を解説しているアナウンサーが「日本はゴールが欲しいですね」と言ったとする。表向きは重言になっていない。

しかし、サッカーをしていればゴールを目指すのは大前提だ。当たり前だ。新しい情報は何もない。これが「隠れ重言」である。

スポーツの解説では、これと同様の隠れ重言は山ほどある。

野球で「そろそろ得点が欲しいイニングです」と言うのも、はなから得点が欲しくないと思って打者を送り出す監督もファンもいないだろう。

ラグビーで「強いタックルが必要です」と言うのも、弱いタックルがよいというシーンはラグビーにおいては存在しない。

こうしたものが隠れ重言だ。当たり前のことをもっともらしく言って、何か言った気になっているだけだ。相手にとってはなんの意味もない。

では、新入社員のAさんの所信表明の例に戻ろう(図43)。

この6か条の中に、重言ではないが、相手の置かれているコンテキストを踏まえると当たり前のこと、すなわち、隠れ重言はないだろうか。

まず、最初の「お客様に喜んでいただける新商品をつくります」というのは、もっともらしいことだ。それを否定する人はいない。

マーケティングというのは「お客様に価値を提供するための諸活動」とも定義できるのだから、マーケティング部では否定のしようがないくらい、当たり前のことなのだ。

だから、この最初の文は、所信表明を伝えられたマーケティング部の先輩たちには何も響かない。

図43 ダメな箇条書き：「で、それが何？」で終わる箇条書き（再掲）

＜私の約束：6か条＞

- お客様に喜んでいただける新商品をつくります
- 差別化された新商品をつくります
- 自分の信じる新商品をつくります
- できるかぎり数多くの新商品をつくります
- 一生懸命に効率的に業務を実行します
- すべてのことで自分のベストを尽くします

一方で、3つ目の「自分の信じる新商品をつくります」は合格点といえる。マーケティングだからと、お客様への価値提供を意識するあまり、いろいろな人の意見を取り入れ、妥協の産物をつくってしまうのはよくあることだからだ。

では、残りの文についても見ていこう。

2つ目の「差別化された新商品をつくります」というのは、共産主義の国ならともかく、市場での競争がある国の企業であれば、当たり前のことだ。

差別化された新商品をつくることを否定する人はいないが、そう伝えられても誰もそれになんの価値も見出せない。

5つ目の「一生懸命に効率的に業務を実行します」というのも、文全体が隠れ重言になっている。一生懸命じゃなく実行することも、非効率に実行することも、誰もAさんに望んでいない。

もっと言えば、企業で働く人の誰に対してもそれは望まれていない。一生懸命に効率を追求するのは、働く上での大前提だ。わざわざ所信表明する意味はない。それを聞かされるほうにとっては時間の無駄で、たまったものではない。

6つ目の「すべてのことで自分のベストを尽くします」もそうだ。ベストを尽くさないことを表明するなら「おっ？」と思うのでむしろ伝える意味はあるが、そもそも所信表明とは、自分がベストを尽くすことを表明するものだ。このため、これもコンテキストを踏まえると、もっともらしいが、なんの意味もない文だ。

目立たないが、4つ目の文にも隠れ重言はある。それは「できるかぎり」という部分だ。「できるかぎりがんばります！」も6つ目の文の「ベストを尽くす」という言葉と同じで、当たり前のことだ。

極端に言えば、「私はがんばりません。しかし……」と続くのであれば、「おっ、こいつは何を言うんだ」と頭が起き上が

図44 「隠れ重言排除」による改善例

＜私の約束：6か条＞

- お客様に喜んでいただける新商品をつくります
- 差別化された新商品をつくります
- 自分の信じる新商品をつくります
- できるかぎり数多くの新商品をつくります
- 一生懸命に効率的に業務を実行します
- すべてのことで自分のベストを尽くします

▼

＜私の2つの約束＞

- 自分の信じる新商品をつくります
- 数多くの新商品をつくります

り、スタンスがとれているといえるが。

新入社員Aさんの所信表明は隠れ重言だらけだ。しかし隠れ重言を排除すると、このようになる（図44）。

6つあった約束が、2つにまで減ってしまった。だが、多ければよいというわけではない。意味のないことを伝えるくらいなら、伝えないほうがよい。

ポイントを絞って相手に伝えることで、相手はそのポイントに集中して考え抜いてくれるからだ。

「隠れ重言」を排除することで、心に響くメッセージに生まれ変わるのだ。

プレゼンにおけるNGワード集

隠れ重言を排除するのは、プレゼンのメッセージ化に有効だ。なぜ有効なのか。それはプレゼンの性質を考えるとわかる。

プレゼンは伝え手主導のメディアで、ペースは伝え手次第だ。「何を話すか」「どう話すか」はもちろん、スライドも普通は一度しか表示されない。

聞き手は伝え手のペースに合わせて、気を緩めることなく、流れてくる情報を随時、情

図45　プレゼンにおけるNGワード集

- **「〜を改善する」**
  ⇒上手くいっていないのだから、改善するのは当たり前
  ⇒改善すること自体ではなく、どのようにして改善するのかを相手に伝えないと意味がない

- **「〜を見直す」**
  ⇒上手くいっていないのだから、見直すのは当たり前
  ⇒どのようにして見直すのかを相手に伝えないと意味がない

- **「〜を推進する」**
  ⇒やることが決まっているものを推進するのは当たり前
  ⇒具体的に何をするのかを相手に伝えないと意味がない

- **「〜を最適化する」**
  ⇒最適化できるならするのは当たり前。最適化したくない人はいない
  ⇒具体的に何をすると最適化されるのかを相手に伝えないと意味がない

- **「〜のバランスをとる」**
  ⇒これは「〜を最適化する」と同じ。バランスをとるのは当たり前
  ⇒どうなるとバランスがとれた状態で、そのために何をすればよいかを相手に伝えないと意味がない

- **「〜を徹底する」**
  ⇒徹底できるならするのは当たり前
  ⇒具体的にどのように徹底するのかを相手に伝えないと意味がない

- **「〜を強化する」**
  ⇒これは「〜を徹底する」と同じ。強化できるならするのは当たり前
  ⇒具体的にどのように強化するのかを相手に伝えないと意味がない

- **「〜を実行する」**
  ⇒やっていることや、やることが前提のものを実行するのは当たり前
  ⇒実行すること自体ではなく、具体的に何をするのかを相手に伝えないと意味がない

報処理しなくてはならない。曖昧なところや納得できないところがあっても、聞き手はそこで立ち止まって確認することはできない。もし思考停止が起こっても、話はどんどん先に進んでしまう。

これがメールだと、曖昧なところや納得できないところはそこで止まって考えたり、関係ある情報を探したりして理解を深めることができる。ここがプレゼンとメールでは決定的に違う。

プレゼンでは1つひとつの文のキレが勝負だ。このため、プレゼンではメッセージ化のコツである「隠れ重言を排除する」が特に役立つ。

具体的に、プレゼンでよく使われる隠れ重言にはどのようなものがあるだろうか。メールやメモなど、他のメディアでも使われるものだが、特にプレゼンでよく見かける隠れ重言がある（図45）。

すべてのケースでこれらが隠れ重言だとは言わないが、多くのプレゼンでは隠れ重言となっている。

このような隠れ重言は、精神論がはびこる企業の方針説明や経営戦略発表のスライドでよく見かける。次のようなものが典型だろう（図46）。

ミッションのような永続的で、ある程度は当たり前のことを言う必要があるものならまだわかる。

　だが、中期や短期などの期間を区切った経営方針には戦略性が必要だ。戦略性を言葉で表すときには、立ち位置の明確さが求められる。経営方針にこのような隠れ重言ばかり使っている企業は、何か問題があると疑ったほうがよい。

　そもそも経営に戦略がない。

　戦略はあるが、それを伝える力がなくて組織が動かない。

　明確なスタンスをとるのが怖くて、無難な道を選ぶ官僚社員に経営戦略の策定を任せている。

　いずれも問題だ。

　これまでに、就職活動では箇条書き次第で学生は評価を落としたり、上げたりする

図46 ダメな企業の経営方針

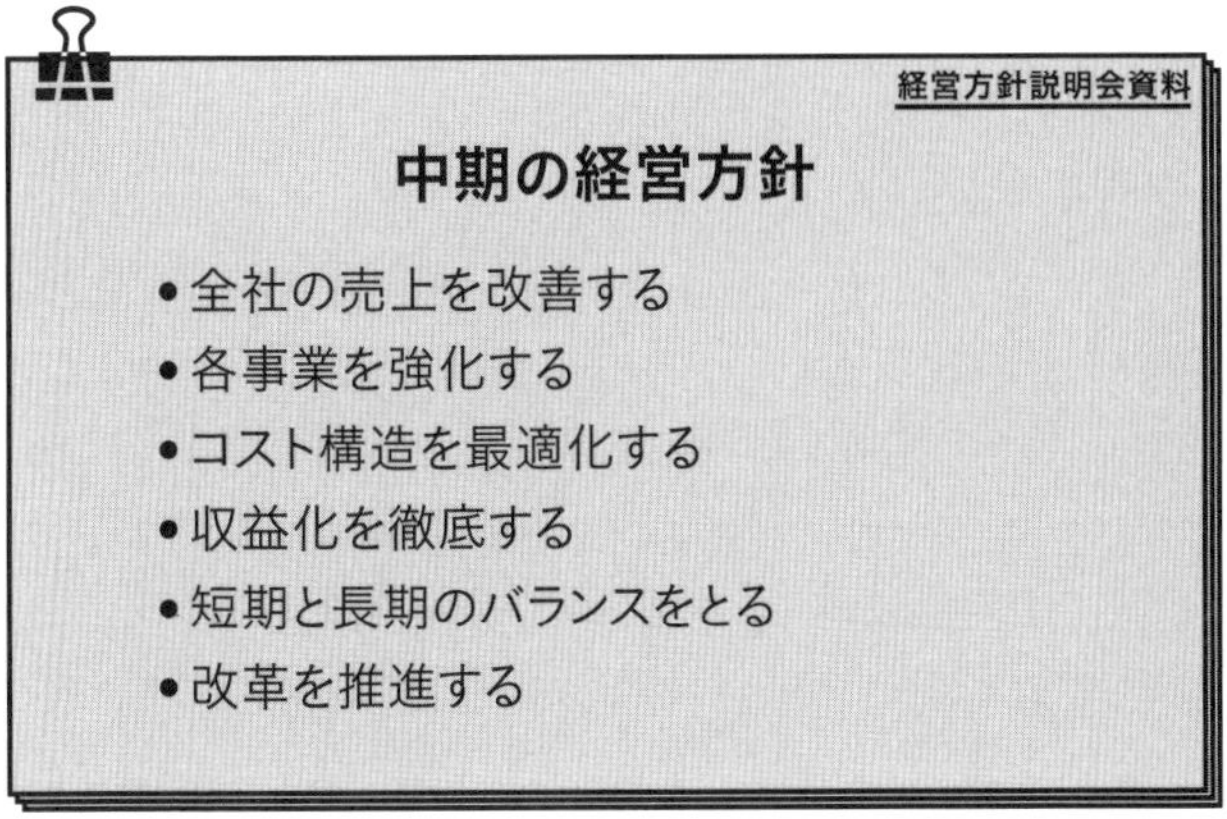
経営方針説明会資料
中期の経営方針
•全社の売上を改善する
•各事業を強化する
•コスト構造を最適化する
•収益化を徹底する
•短期と長期のバランスをとる
•改革を推進する

ことができることについて触れてきた。

だが、就職活動において箇条書きで評価が左右されるのは、何も学生だけではない。採用する企業側もそうだ。採用のパンフレットや、自社サイトに掲載している経営方針などだ。

そこに一見もっともらしく見える箇条書きがあったとき、それらが隠れ重言になっていないか確認したほうがよい。隠れ重言だらけの企業が、本当に中長期的に競争で勝っていけるのか。

学生は自問自答し、就職先を選ぶときの企業の評価に使うとよいだろう。

メッセージ化のコツ2　「否定」で退路を断つ

第二のコツは、「否定」を使って退路を断つことだ。

否定を使って退路を断つとは、「何を否定しているかを明示してしまう」ことだ。そうすることで、立ち位置をはっきりさせる。

まずはシンプルな例で考えてみよう。

例えば、新入社員Bさんとその上司とのやりとりで、否定を使ってスタンスをとることを考えてみよう。新入社員Bさんが上司に来年の抱負を伝えるときに次のように報告したとしたらどうだろうか（図47）。

わずか2行のシンプルな箇条書きだ。最初の文について言えば、生産性を上げるというのは、「まあ、当たり前だよな」と流されてしまうかもしれない。仕事であれば、生産性を上げるのは当たり前という考えだ。「隠れ重言」ともとらえられかねない。

しかし、新入社員がもともと意図していたことは決して隠れ重言ではない場合もある。

例えば次のような場合である。

仕事の成果を従来より上げるためには、生産性を上げるか、労働時間を増やすかのどちらかしかない。

この新入社員は、工夫して生産性を上げるのを怠り、「長時間労働に走ってカバーする」というクセが指摘されていたとする。

この場合、「生産性を上げる」というのは、その新入社員

図47　意図が伝わらない箇条書き

- 生産性を上げる
- 衝突をいとわない

にとっては労働時間を増やさずに、本当の意味で「生産性を上げる」ことだ。当たり前のことではなく、隠れ重言ではないといえる。

また、2つ目の文についても、上司からすると「衝突をいとわない」と書かれると、「おいおい、衝突するのか」と戸惑ってしまうかもしれない。

しかし、これについても新入社員の考えでは、突拍子もないことを伝えているつもりはない場合もある。

例えば、その新入社員は自らの意見を言わなくてはいけないような場面でも、相手が目上の人だと、保身のために無難な道を選んでしまい、意見を言わないというクセがあったとする。

そのような社員であれば、「衝突をいとわない」も立派な決意表明といえる。ただ、残念なことにこの2つ目の文も、1つ目の文と同じく、このままでは上司にその意図が伝わらない。

理由は、Bさんの立ち位置がわからないからだ。

このように、本人にとっては「隠れ重言」ではないが、そうとらえられかねないときの処方箋は「否定」を使うことだ。

何かを伝えようとするときには、つい「何をするか」に焦点を当てがちだ。逆に、「何をしないか」に触れるのを忘れがちになる。この「何をしないか」を明示して強調することで、「何をするか」の意図を伝えるのだ。

Bさんの例では、次のように否定を入れるとよい（図48）。これで上司に「長時間労働を止める」「無難な道を選ばない」という覚悟が伝わるだろう。

すると上司は、この抱負とそれを伝えてくれたBさんについて考え抜いてくれるはずだ。「よし、そこまでの覚悟があるなら、応援してやるか」と支援に動いてくれるかもしれない。

Bさんの生産性を上げるためのサポートをしてくれるかもしれないし、まわりと衝突したときも、フォローしてくれるかもしれない。

「否定」を効果的に使うことで、スタンスのとれたメッセージが生まれる。結果、相手の心に響き、そして動かすことができるようになるのだ。

図48 「何をしないか」を明示して、強調する

- 長時間労働に走るのではなく、生産性を上げる
- 無難な道を選ぶのではなく、衝突をいとわない

さて、ここで新入社員Aさんのマーケティング部での所信表明の箇条書きに戻ろう。あの箇条書きも、「否定」を使うことでスタンスを明確にできる部分がある。

もともとは3つ目の文であり、隠れ重言を排除することで最初の文になった「自分の信じる新商品をつくります」だ。

自分の信じる新商品をつくるというのは、必ずしも当たり前のことではないが、少しインパクトが弱い。どんな背景や立ち位置からAさんがそう言っているかがわからない。

ここで、立ち位置を明確にするために「否定」を使う。

例えば、Aさんが「自分の信じる新商品をつくります」と伝えるのには、いろいろな人の意見を聞いて妥協の産物をつくってしまうのを避けたいという意図があったとする。もっと言えば、市場アンケートなどで顧客の声を聞いて、それに対応するものをつくることはしたくないという考えだ。

新商品づくりというのは、世の中にないものをつくることだ。市場アンケートなどで顧客にニーズを聞いたところで、まだ世の中にない潜在的なニーズを教えてくれることは稀だ。

プロのマーケターは、最終的に顧客のニーズに応えるものをつくらなくてはいけない。ところが、その顧客の潜在的なニーズは顧客自身もわからないという、不安定なコンテキストに置かれることになる。

　このためプロのマーケターでも、新商品づくりという不安定な仕事においては、ついつい、多くの人の現実的な意見を聞き、妥協し、もともとのコンセプトを壊してしまいがちだ。

　具体的には、市場アンケートをとって、顕在化しているニーズを拾い、それに対応するものをつくるなどだ。しかし、これではヒット商品は狙えないし、競争に巻き込まれるだけだ。

　このような背景から、Aさんは市場の声に耳を傾けるのではなく、潜在ニーズを狙って「自分の信じる新商品をつくります」と言いたいわけだ。

　そうであれば、その「市場の声に耳を傾

図49「否定」による改善例

＜私の2つの約束＞

- 自分の信じる新商品をつくります
- 数多くの新商品をつくります

▼

＜私の2つの約束＞

- 市場の声に耳を傾けず、自分の信じる新商品をつくります
- 数多くの新商品をつくります

けず」という否定を文の前半に入れるのだ（図49）。

「否定」を最初に加えることで、そのコントラストで後半部分のスタンスがより明確に伝わるようになり、迫力が出る。

「ああ、こいつは、易きに流れるやつではなく、自分の考えをしっかりもっているやつだな。顕在ニーズに迎合せずに、妥協せずに潜在ニーズを探し続けることがマーケティングの成功のコツだとわかっている」と評価を上げるかもしれない。そして、先輩たちからサポートを得られるかもしれない。

このようにスタンスを明確にする上で、「否定」はパワフルな技術だ。それによって、伝えることが相手の心に響き、相手は考えさせられ、動かされるのである。

ソニーの「開発18か条」は否定が上手い

世の中には、優れた箇条書きがいくつもある。そのような箇条書きにも、『超・箇条書き』の技術が使われているものはいくつもある。そして、「否定」の技術を上手く使っているものもある。

ソニーには古くから伝わる「開発18か条」という箇条書きがある（図50）。これは、ソ

図50 ソニーの「開発18か条」

第1条：客の欲しがっているものではなく、客のためになるものをつくれ

第2条：客の目線ではなく、自分の目線でモノをつくれ

第3条：サイズやコスト目標は可能性で決めるな。必要性、必然性で決めろ

第4条：市場は成熟しているかもしれないが、商品は成熟などしていない

第5条：できない理由はできることの証拠だ。できない理由を解決すればよい

第6条：よいものを安くより、新しいものを早く

第7条：商品の弱点を解決すると新しい市場が生まれ、利点を改良するといまある市場が広がる

第8条：絞った知恵の量だけ、付加価値が得られる

第9条：企画の知恵に勝るコストダウンはない

第10条：後発での失敗は、再起不能と思え

第11条：ものが売れないのは、高いか悪いかのどちらかだ

第12条：新しい種（商品）は、育つ畑に蒔け

第13条：他社の動きを気にし始めるのは、負けの始まりだ

第14条：可能と困難は可能のうち

第15条：無謀はいけないが、多少の無理はさせろ。無理を通せば、発想が変わる

第16条：新しい技術は、必ず次の技術によって置き換わる宿命を持っている。それをまた、自分の手でやってこそ、技術屋冥利に尽きる。自分がやらなければ、他社がやるだけのこと。商品のコストもまったく同じ

第17条：市場は調査するものではなく、創造するものだ。世界初の商品を出すのに、調査のしようがないし、調査しても当てにならない

第18条：不幸にして、意気地のない上司についたときは、新しいアイデアは上司に黙って、まず、もの（プロトタイプ）をつくれ

【出典】片山修『ソニーの法則』小学館文庫（1998年）より抜粋

ニー開発陣の心構えを後進たちに伝えるものだ。

ソニーの「開発18か条」が優れているのは、メッセージ化だ。先人から後進の人たちに伝える上で、スタンスが明確な箇条書きでまとめられている。特に、「否定」の使い方が上手い。

例えば、第1条では「客の欲しがっているものではなく」と、顕在ニーズだけを訴求することを否定している。こうすることで、「客のためになるものをつくれ」という言葉には、この世にまだ現れていない潜在ニーズまで含めて訴求していくことの重要性が暗に含まれている。

この第1条が、もし、「客のためになるものをつくれ」だけだと、当たり前だと受け止められかねない。

敢えて、「客の欲しがっているものではなく」と顕在ニーズへの訴求の否定を入れることで、後半の潜在ニーズへの訴求の大切さが伝わるのである。

同様に第2条と第3条と第17条も上手く「否定」を使うことでスタンスをとっている。

否定を使う。そう言われると、「それができればよいが、そこまで絶対的に否定できることなんてあまりない」と思う人もいるかもしれない。

そういう場合は、「～ではなく」と絶対的に否定する必要はない。

相対的に否定すればよい。

つまり、比較して、よりよいほうを選ぶことを強調すればよい。

比較で否定のニュアンスを出し、スタンスをとるのだ。

例えば、「AよりもBだ」という文だ。BのほうがAよりもよいと言っているので、スタンスはとっているが、必ずしもAを否定しているわけではない。

次ページの図51を見てほしい。上の文の「当面は売上を追求する」というのは、成長している企業の経営方針としてよくあるものだ。

ただ、これも見る人によっては「売上なんていつでも追求しなくてはいけないのだから、当たり前じゃないか」と思うかもしれない。そこで、比較による否定を使う。

例えば、「当面は利益よりも、売上を追求する」というように、利益との比較を入れてみる。

そうすることで、「利益よりも売上を追求するというのは大胆だな。早めにトップシェアをとって、競合を市場から追い出して、利益をあとで稼ぐという戦略なのか」と、なぜ売上を追求するのかという立ち位置、すなわち、スタンスがわかるようになる。

比較により否定のニュアンスを出してスタンスをとる。それには、先に示した「AよりもB」以外にもいろいろなパターンがある。

ソフトな否定「AからBになる」

単に「Bになる」と言わずに、「AからBになる」というように、もともとの出発点を入れると、比較による否定のニュアンスが出てくる。

結果的に、「もうAではない」というスタンスが明確にな

図51 比較による否定　その1

- 当面は売上を追求する

▼

- 当面は利益よりも、売上を追求する

り、「Bになる」ということの意味が伝わるようになる。

私がよく使う「AからBになる」という比較による否定を使ったメッセージ手法を紹介しよう（図52）。

企業において、販売数などの量を追求していた企業活動を止めて、質や価値を追求する企業活動に変えていこうというスローガンの例だ。

1990年代後半のNTTドコモのスローガンだ。まだポケベルのほうが携帯電話よりも加入者数が多く、携帯電話の画面は白黒で、メールもできない時代のものだ。携帯電話の販売数はまだまだ伸びていて、その後5年程度については、量の伸びは誰もが予想できた。

しかし、当時のドコモは、その先の販売数が伸び悩む時代を考え、先手を打って、質や価値の追求という方針を社内外に示した。

とてもわかりやすく、かつスタンスのとれたスローガンだったため、社員にも浸透し、ドコモの経営資源は量の追求

図52 比較による否定　その2

- ボリュームからバリューへ

から質の追求にシフトしていった。

それ以降のモバイルインターネットサービスの発展と普及は、このスローガンがもたらしたものかもしれない。

比較も使いようによっては否定になる。絶対的な否定が使いたくない人は、比較によってソフトに否定するとよい。ソフトな否定でも、こちらのスタンスがクリアになり、メッセージが磨かれるのだ。

メッセージ化のコツ3 形容詞や副詞は「数字」に変える

第三のコツは、「数字」で示して彩度を上げることだ。

特に数字を使うべきなのは、大きさなどの「程度を表す」部分であり、普通は形容詞や副詞が使われていることが多い。しかし形容詞や副詞のままだと、「程度」は相手の解釈次第になってしまう。

つまり相手にとっては、「解釈する」という情報処理の手間がかかる。手間がかかるだけではなく、その「程度」がよくわからないためにイメージが湧かないということもあり得る。しかしそれを数字に置き換えれば、一気にイメージがしやすくなる。

例えば、学生が就職活動における履歴書やエントリーシートなどに、次のような自己PRを書いていたとする（図53）。

ここには「数字」を使うことで、伝えたいことの彩度を上げ、自分自身を際立たせ、自己PRを明確にする余地がある。

最初の文では、「数多くの」という形容詞がある。これは数字に置き換えられる。

例えば、「約1000人」とすると、相手は「ああ、この人は中途半端にボランティアをやっていた人ではないな」と面接で真剣に話を聞いてくれるだろう。

もっと言えば、細かなテクニックだが、「約」を使わず実数にするとよい。「1047人」のように。「約1000人」というのは、通訳ボランティアではないにしても、他の学生の何かしらの

図53 学生の自己PR

- 学生時代は来日外国人向けの観光通訳のボランティアをしており、数多くの外国人たちと触れ合ったことで、多様な価値観をもつ人たちともコミュニケーションできる力を身に付けた
- また、学生時代にはベンチャー企業を起こし、数社の飲食店から、それらのホームページの制作を請け負い、大きな利益を出すことに成功した

PRで出てくる数字かもしれない。だが、「1047人」という具体的な数字は、おそらく数千人の応募者がいたとしても、使うのはこの学生くらいだろう。実数には強烈な固有性がある。

そうすることで、この学生についてのイメージの彩度が際立ち、伝えたいことの中身がピンポイントで伝わるようになる。

また2つ目の文では、「数社の」と「大きな」の2つは、数字に置き換えることが可能である。

「数社の」は例えば「16社」に、「大きな」は「260万円の」とする。こうすることで、相手はよりイメージが湧くだろう。

「16社と商売をするということは、この人はそれ以上の会社をまわって営業をしたのだろうな。しっかりしているな」とか、「260万円というのは企業では小さいが、学生にとっては大きい。小さいところからコツコツできる人だな」のようにだ。具体的には、先ほどの自己PRの箇条書きは次のようになる（図54）。

数字を使うことで、伝えたいことがより彩度高く伝わるようになったことがわかるだろう。

さて、先ほどの新入社員Aさんの所信表明の箇条書きについても、「数字」を使う余地

図54　学生の自己PRの改善例

- 学生時代は来日外国人向けの観光通訳のボランティアをしており、数多くの外国人たちと触れ合ったことで、多様な価値観をもつ人たちともコミュニケーションできる力を身に付けた
- また、学生時代にはベンチャー企業を起こし、数社の飲食店から、それらのホームページの制作を請け負い、大きな利益を出すことに成功した

▼

- 学生時代は来日外国人向けの観光通訳のボランティアをしており、
  1047人の外国人たちと触れ合ったことで、
  多様な価値観をもつ人たちともコミュニケーションできる力を
  身に付けた
- また、学生時代にはベンチャー企業を起こし、
  16社の飲食店から、それらのホームページの制作を請け負い、
  260万円の利益を出すことに成功した

がないかを確認しよう。

数字で置き換え可能な形容詞は2つ目の文にある。「数多くの」がそれだ。これを具体的な実数で示す。

例えば、「3年間で5つ以上の」などだ。このように変えた箇条書きは、次のようになる（図55）。

「数字」を使うことで、Aさんの決意がよりビビッドに相手に伝わる。

先輩たちからすると「3年間で5つというのは、結構大変だ。こいつは、大志を抱いて自分を鼓舞するタイプだな。つまずくだろうが、応援してやるか」と、具体的なイメージが湧く。そうすることで心に響き、動いてくれる。

このように、スタンスをとるためのコツ

図55 「数字」による改善例

<私の2つの約束>

- 自分の信じる新商品をつくります
- 数多くの新商品をつくります

<私の2つの約束>

- 市場の声に耳を傾けず、自分の信じる新商品をつくります
- 3年間で5つ以上の新商品をつくります

の1つは、「数字」を使うことだ。

海外の履歴書に学ぶ「伝え方のテクニック」

海外の履歴書は箇条書きでつくられることが多いと、「はじめに」で触れた。日本でもがんばって箇条書きで履歴書をつくる人がいる。

ただ、残念なことに多くの人はそれが上手くはない。

海外の箇条書きの履歴書と何が違うのか。

一番の違いは数字だ。

シリコンバレーなどで自分をアピールして仕事を得ているプロフェッショナルの履歴書は箇条書きのオンパレードだ。次ページの図56を見てほしい。

先に断っておくと、海外でも「米国では顔写真は載せない」など、国によって履歴書のフォーマットは違う。

だが、箇条書きの使い方はどこも同じようなものだ。日本と違い、数字をとにかく入れ込む傾向がある。

特に「権限をもっていた金額」「マネジメントしていた人数」「売上や利益などの結果の

計数」は海外の履歴書の三大数字だろう。そうすることで、自分のアピールポイントを明確にして伝わりやすくしているのだ。

ちなみに、海外の箇条書きでは一般に新しいものから古いものへと順番に経歴を記していく。日本の履歴書が一般に古い経歴から記していくのとは対照的だ。

どちらがよいか。

相手が嫌がらないなら、新しいものから書くべきだ。

なぜなら、前章の物語化のところで触れたことだが、「相手が期待している答え」から伝えていくほうがフックになるからだ。自己紹介をしてもらう

図56 海外の履歴書の箇条書き

• B社　マーケティングマネージャー

2010年〜現在

・5年間で担当商品の売上を40億円から100億円に2.5倍に伸ばした
・年間約10億円のマーケティング投資を判断している
・マーケティングチーム15人をマネジメントしている
・**********

• A社　アシスタントマネージャー（広告宣伝担当）

2002年〜 2009年

・7年間で2つの新商品の広告宣伝を担当した
・年間約2億円の広告宣伝投資を判断している
・広告宣伝チーム3人をマネジメントしている
・**********

ときに、現職よりも過去の職を先に聞きたい面接官なんていないだろう。

そう考えると、古い経歴から記していく日本の履歴書は、企業のグローバル化が進んでいくといずれ無くなるのかもしれない。

話をもとに戻す。数字を使うことで自分の立ち位置を明確にできるのは履歴書だけではない。学生が企業に出すエントリーシートも同じだ。自分が何をアピールできるか迷う学生は多い。そのような学生は数字で考えてみるとよい。

自分のキャリアや経験はどのような数字で表すことができるか。

その数字における指標は何か。

例えば、社交的であることをウリにする人は、学生時代に何人の人と会ったのかを伝えてもいい。「4年間で、2541人の人と出会い、会話し、その人たちから学んできました」と言われれば、「なんだかよくわからないが、こいつは真剣に喋っているな」と面接官は思うかもしれない。

このように伝えたいことを数字で考えれば、改めて自分のアピールポイントが見えてくるだろう。

そして、その数字を箇条書きに入れることで、伝えたいことが「短く、魅力的に」伝わり、一歩内定に近づくのである。

ビジョンには2つの数字が欠かせない

企業ではビジョンを掲げることがある。最近では大学でもビジョンをつくっていたりする。そのほとんどは箇条書きで公表されている。

しかし残念ながら、その大半はビジョンとしては機能しないただの羅列で終わっている。理由はシンプルだ。数字が入っていないからだ。ビジョンには数字が必要だ。

よく「グローバルに事業を拡大する」というビジョンを見かける。

これを企業が掲げることを否定はしない。企業として追求すべきだろう。企業理念や社是やミッションという形で、企業の使命・責任として掲げるならよい。それらは永続的なものであり、1人ひとりに最低限求められるものだからだ。

だが、ビジョンとするのならば話は別だ。そもそもビジョンは、「企業をどこに向かわせ、いつ、何を達成していたいか」という未来の姿を描くものだ。それを社員と共有することで、同じゴールに向かって同じような歩調で歩むことができる。ビジョンは組織に求心力をもたらすものだ。

ビジョンとして未来の姿を描くためには、それが「いつ」のもので、「どの程度」なのかがわからなくてはいけない。そうでなければ、社員といくら共有したところで、どこに向かって、どのようなペースで動けばよいのかわからない。

ゴールが東西南北のどの方向にあって、それが何メートルなのか、何キロなのかもわからない徒競走への参加を呼び掛けているようなものである。

ビジョンには状態を示す数字と、期限を示す数字の2つが必要だ。数字が難しい場合はその程度を表す言葉や、実現したかが判定できる言葉でもよい。

例えば、「2030年までに世界30カ国で事業を展開する」だったり、「5年後にはグローバルで業界トップになる」などだ。経営陣がいくら「グローバルに事業を拡大する」と唱えても、現場で日々の仕事をしている社員からしたら、日々の判断や行動をなんら変えるものにはならない。

だが、「5年後にはグローバルで業界トップになる」と言われたら、現場の社員の動きは変わるだろう。

人事部は国内の大学から新卒採用ばかりしていたのを、海外の業界エキスパートの中途採用に切り替えるかもしれない。5年後にトップになるのであれば、新卒採用では即戦力にならず、間に合わないからだ。

商品づくりも、国内市場のマーケティングばかりしていたのを、海外市場の調査に時間とお金をかける判断をするかもしれない。5年後にグローバルで業界トップになるのに、国内市場のニーズだけをターゲットにした商品では通用するはずがないからだ。

いずれにせよ、状態や期限の程度がわからないビジョンは、なんの求心力ももたない。もっともらしいだけで、掲げる意味のない自己満足のものだ。

ビジョンというのは、組織だけにあるものではない。個人ではビジョンに替わるものとして夢がある。人によっては、自分を鼓舞するものとして自分の夢を箇条書きにして明示することもある。

「いつか小説家になる」よりも、「5年後までに、文芸誌の新人賞を受賞する」のほうが具体的だろう。それによって「どこの文芸誌に応募するか」「その文芸誌の過去の受賞作の傾向はどんなものか」などに意識が向く。そして何より、どんな作品を自分は書きたいのかの内省が始まるだろう。

「英語が上手くなりたい」「時間ができたら勉強しよう」と言っている人は結局何もしない人ばかりだが、「3年後までに、TOEICで950点をとる」と掲げている人は、きっと何かを始めているだろう。

確認するとよい。あなたのビジョンや夢には、状態や期限を表す数字はあるか。精神論に終わっていないか。ゴールがわからない徒競走になっていないか。

もう一度繰り返そう。

メッセージ化の第三のコツは、「数字」で示して彩度を上げること。それによって、短く、魅力的に伝わる箇条書きにより近づくのだ。

「無難」を選ぼうとする自分が、最大の敵だ

メッセージ化の3つの技術を紹介した。

「隠れ重言を排除する」、「否定を使う」、「数字を使う」だ。それによって、新入社員のAさんの所信表明のプレゼンは、167ページのようになった（図57）。

もとの箇条書きも、わずか数行で短くまとまってはいた。しかし、もっともらしいが無難なだけで、スタンスも曖昧。心に響く箇条書きではなかった。

そこで3つの技術を駆使してスタンスをとり、メッセージ化ができたことで、より短く、魅力的に伝わるようになったはずだ。

今回の所信表明は、わずか1人1分のスピーチだ。

このため、短く、魅力的に伝えることがとにかく大切だ。当たり障りなく、無難で、なんの印象も残さない箇条書きで説明するのはもったいない。

こういうときこそ、『超・箇条書き』を使って、短く、魅力的にプレゼンし、自分の伝えたいことを伝えるべきなのだ。

スタンスをとり、メッセージ化することで、相手の心に響き、相手を考えさせる。それによって、相手に動いてもらえるようになる。

しかし世の中には、メッセージ化されてない、もっともらしい箇条書きが溢れている。それはなぜか。もっともらしい箇条書きは、当たり前のことであるため、誰も否定しようがないからだ。

「一生懸命に効率的に業務を実行します」と言われれば、働く上では当たり前すぎて、誰も否定しない。誰からも否定されないからこそ、そのような箇条書きは〝無難〟だ。

このため、もっともらしいメッセージ化された箇条書きは、無難に物事を済ませたい人の落としどころになっているのだ。

残念なことに、就職活動の自己ＰＲや、企業の経営戦略の多くは、このような〝もっともらしい〟箇条書きになっている。これらは、特に誰からも否定されないが、誰の心にも響かず、世の中の何も変えることはない。

繰り返す。相手の心を響かせ、相手に動いてもらうために、スタンスをとって箇条書きをメッセージ化することが必要なのだ。

図57「メッセージ化」による改善例

＜私の約束：6か条＞

- お客様に喜んでいただける新商品をつくります
- 差別化された新商品をつくります
- 自分の信じる新商品をつくります
- できるかぎり数多くの新商品をつくります
- 一生懸命に効率的に業務を実行します
- すべてのことで自分のベストを尽くします

＜私の2つの約束＞

- 市場の声に耳を傾けず、自分の信じる新商品をつくります
- 3年間で5つ以上の新商品をつくります

そのときの最大の敵は、まわりの環境ではない。相手でもない。

最大の敵は、自分自身だ。それも〝無難〟な道を選ぼうとする自分だ。

箇条書きをメッセージ化し、『超・箇条書き』として短く、魅力的に伝わるものにするには、〝無難〟を敵とすることが必要だ。

物語化のときには、相手が誰なのかを自問自答することが必要だと述べた。メッセージ化でも、自問自答が必要だ。

無難な道を選んでいないか。

他人の目を気にして逃げていないか。

これを自分に問い続けるのだ。

当たり前のこと、もっともらしいことだけを伝えるのであれば、そもそも伝える必要などない。

相手に伝えたいことがあるから、箇条書きにしようとしているはずだ。

『超・箇条書き』は相手の心に響き、そして伝わる。

だからこそ、怖い側面があることはわかる。

だが、そこで無難に逃げ込もうとする自分に勝ってこそ、相手に深く伝わり、そして動いてもらえる。目の前のチャンスをつかむことができるのだ。

超・箇条書きとは、言葉遊びでも、単なる技術でもなく、相手のことをとことん考え、相手の情報処理を手助けする作業だ。

そして、相手に動いてもらうことによって、自分やそのまわりを変える。

超・箇条書きとは世の中の変化をつくりだす作業ともいえる。それは同時に、自分の心を変えていく作業でもあるのだ。

第4章

超・箇条書きをもっと使いこなす

超・箇条書きの技術のまとめ

これまでに『超・箇条書き』の3つの技術的要素とそれをつくるコツについて解説してきた。

まとめると、次の図のように整理できる(図58)。

よくある箇条書きは、羅列化されただけにとどまっている。それでは伝わらない。短くても魅力的に伝える『超・箇条書き』に変えるには、構造化、物語化、メッセージ化の3つが必要だ。

「構造化」とは、相手が全体像を一瞬で理解できるようにすることだった。内容がどんなに優れていても、全体像がよくわから

図58 超・箇条書きの技術のまとめ

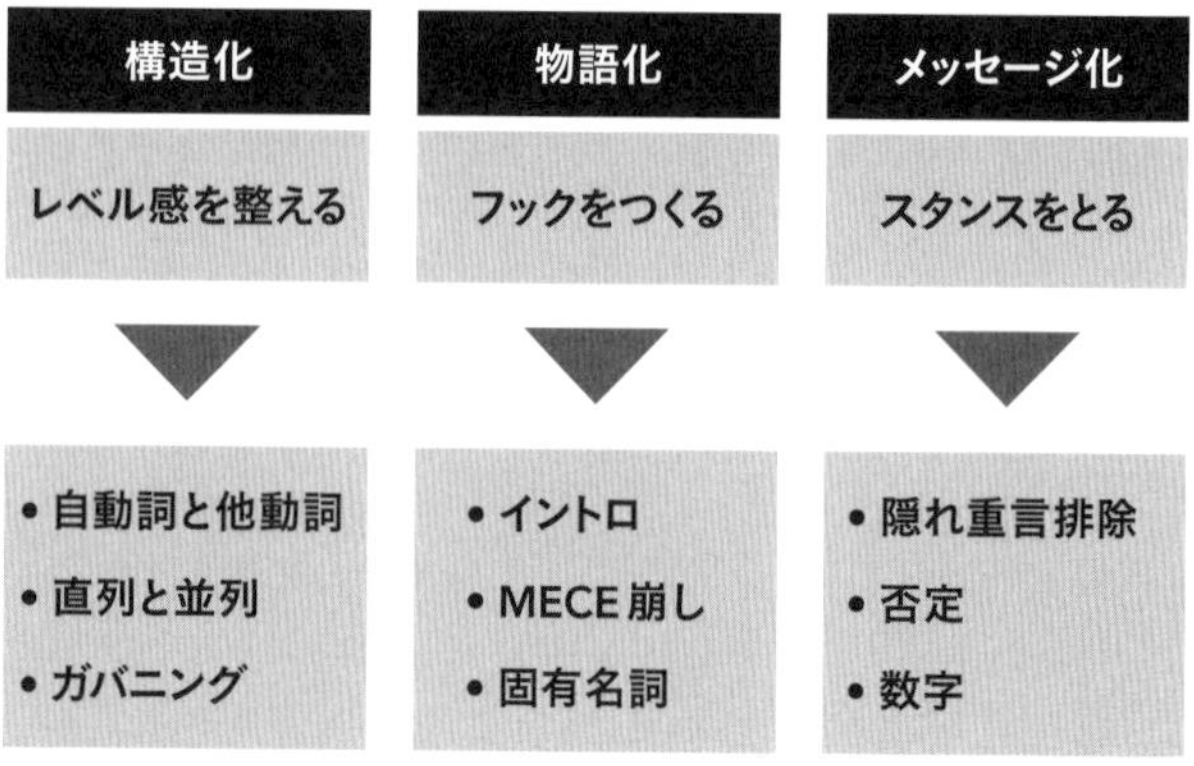
構造化
レベル感を整える
• 自動詞と他動詞
• 直列と並列
• ガバニング
物語化
フックをつくる
• イントロ
• MECE崩し
• 固有名詞
メッセージ化
スタンスをとる
• 隠れ重言排除
• 否定
• 数字

ないと読む気にならない。はじめから無視されては相手には何も伝わらない。

このため構造化では、相手が全体像を理解できるように、伝えたいことの幹と枝を整理するのだ。

「物語化」とは、相手が関心をもって最後まで読み切れるようにすることだった。読む気になって中身を読んでくれても、引き込まれずに途中で興味を失ってしまうようでは相手には何も伝わらない。

このため物語化では、相手が関心をもって最後まで読み切れるように、相手のコンテキストを考えて全体の流れをつくるのだ。

「メッセージ化」とは、読後に相手の心に響くようにすることだった。相手がすべてを読んでくれても相手の心にこちらの伝えたいことがクリアに届かなくては、「伝えた」だけであって「伝わる」には至らない。

このためメッセージ化では、読後に相手の心に響くように、それぞれの文の表現を磨くのだ。

これら3つはセンスではなく、技術を使ってできる。

構造化では「レベル感を整える」ことが必要だ。そのコツは「自動詞と他動詞を使い分ける」、「直列と並列で考える」、「ガバニング」だ。

続く物語化では「フックをつくる」ことが必要だ。そのコツは「イントロづくり」、「MECE崩しをする」、「固有名詞を使う」だ。

最後のメッセージ化では「スタンスをとる」ことが必要だ。そのコツは「隠れ重言を排除する」、「否定を入れる」、「数字を使う」だ。

これらの技術を身に付けることで、いつ、どこでも、誰でも、「短く、魅力的な箇条書き」、すなわち『超・箇条書き』を使いこなせるようになる。

超・箇条書き活用法1　ストーリーライティング

『超・箇条書き』の技術を覚えた。メールや議事メモやプレゼンなどで、箇条書きで伝える。そのように直接的に伝えるのが『超・箇条書き』の王道だ。

だが、それ以外にも『超・箇条書き』の技術はさまざまなことに応用できる。

頭の中を整理し、物事をわかりやすく伝える方法を紹介する。

やり方は簡単だ。

これまで見てきた超・箇条書きの技術を使って、「何を伝えたいのか」を自分自身のメモとして箇条書きにする。それだけだ。

プレゼンであれば、それをもとにスライドをつくる。

アイデア発想であれば、それをもとに企画書をつくる。

会議であれば、それをもとに発言する。

箇条書きにする過程で情報処理がなされているため、整理され、とても理解しやすいものになっている。

外資系コンサルが行うストーリーラインづくりもこれの一種だ。ストーリーライティングともいわれる。

ストーリーラインとは、プレゼンで伝えたいことの流れを指す。絵やグラフだけでプレゼンするものであっても、伝えたいこと、そして伝えたいことの流れを、スライド作成前に箇条書きでまとめるのだ。

仮に箇条書きを使わないプレゼンであっても、ストーリーラインを事前につくっておくだけで、頭の整理ができ、相手に伝えたいことが明確になる。

伝えたいことが明確になったら、その1つひとつの伝えたいことをスライドにしていく。そうすることで全体構成や個別のスライドが相手により伝わるようになる。

熟練したコンサルタントであれば、箇条書きで伝えないときでも、ストーリーラインは必ずつくる。

「自分の強み」をどう伝えるか

簡単な例として、学生が就職活動で自分の強みをアピールするスライドをつくるというお題があったときを考える。いきなりスライドを考えるのではなく、先に箇条書きでストーリーラインをつくってから、スライドをつくるのだ。

例えば、学生が就職活動を前にして、自己PRのために、次のような箇条書きをつくったとする（図59）。

最初の文ではガバニングを使って2つの強みを頭出ししている。2つ目の文は、その背景として過去での努力を伝えることで、強みを説得力あるものにしている。このようにストーリーができたら、これをスライドにしてみるのだ。

例えば、次のようにスライドにする（図60、61）。

図59　自己PRにおけるストーリーラインの例

- 強みは「英語力」と「国際感覚」の2つである
  - ①英語力については、TOEIC 950点である
  - ②国際感覚については、国際発表3回の経験がある
- その英語力と国際感覚を、
大学での留学と国際的な研究で身に付けた

スライドの上部には、「リード」と呼ばれる一文を入れる。相手に最も伝えたいことだ。

リードには、箇条書きの各段落の1段目の文を入れよう。入れるのは一文だけ。「ワンスライド・ワンメッセージ」の形にする。

これで各スライドのリードと箇条書きの各段落の1段目の文とが対応する。

図60を見てほしい。この場合、「強みは『英語力』と『国際感覚』の2つである」をリードとする。箇条書きの2段目、「TOEICの点数」と「国際発表回数」の情報については、図式化すればよい。

図61を見てほしい。このように2段目がないものは、リードの情報を図や絵で表し

図60　自分の強みをスライドにする　その1

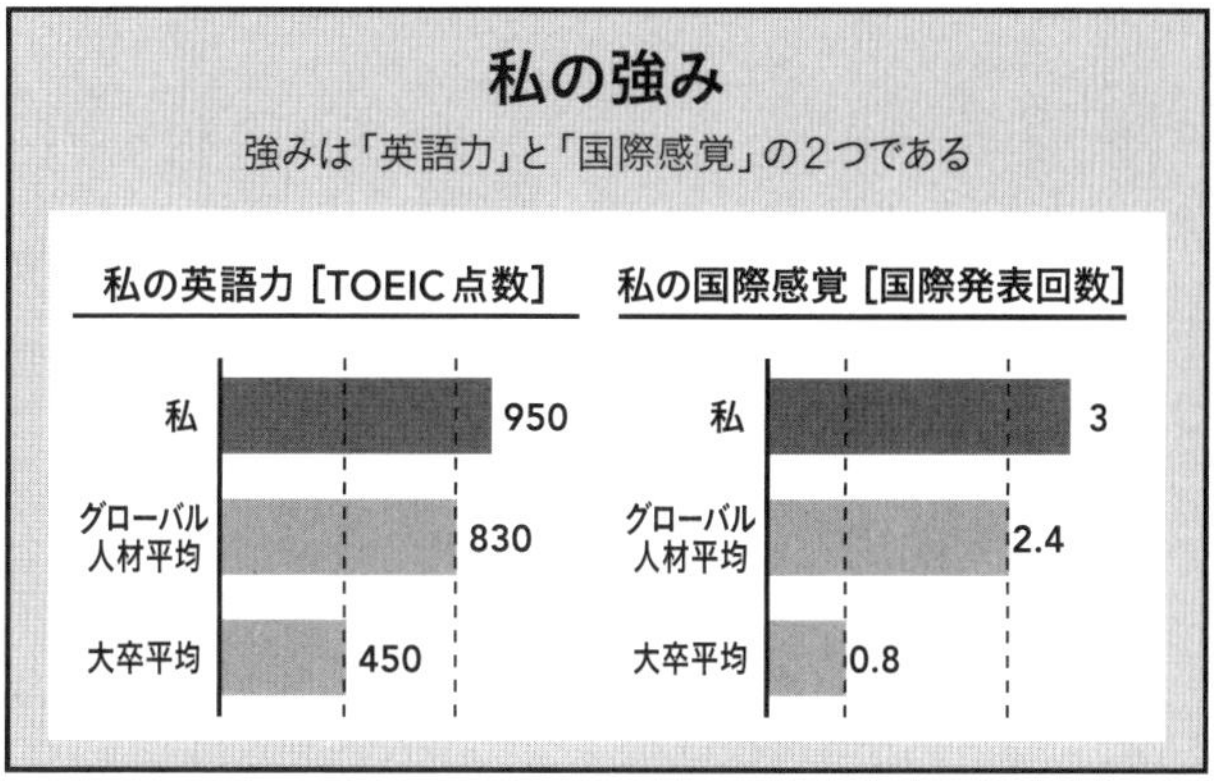

ていくとよい。

こうすることで、よりわかりやすいスライドになる。

スライドをつくっていると、本来伝えるべきことを忘れ、「書けること」や「書きやすいこと」だけを書いてしまうことがある。あるいは、見栄えのいい図やグラフづくりに注力してしまうこともあるだろう。

しかしそれでは本末転倒だ。

それを避けるためにも、箇条書きでストーリーラインをしっかりつくり、伝えるべきことを整理する必要がある。スライドをつくるのはそのあとだ。

こうすることで、箇条書き自体はスライドに出なくても、相手にしっかりと伝えるプレゼンになるのだ。

図61　自分の強みをスライドにする　その2

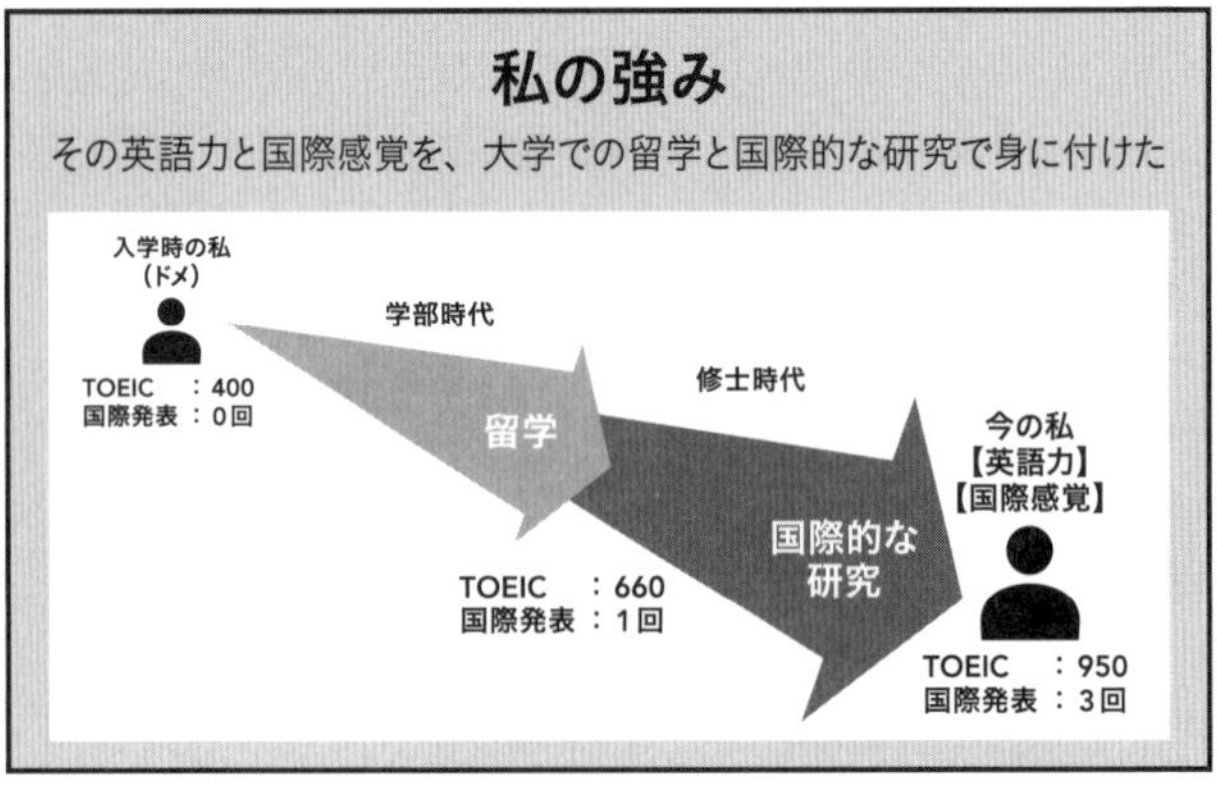
私の強み
その英語力と国際感覚を、大学での留学と国際的な研究で身に付けた
入学時の私
（ドメ）
TOEIC　：400
国際発表：0回
学部時代
留学
TOEIC　：660
国際発表：1回
修士時代
国際的な
研究
今の私
【英語力】
【国際感覚】
TOEIC　：950
国際発表：3回

ビジネスプレゼンにこそ、「ストーリー」を！

先ほど触れたように、経営コンサルタントもベテランであれば、スライド資料をつくる際にはあらかじめストーリーラインをつくる。

先ほどはわかりやすいように学生の自己PRの例を示したが、当然ながらビジネスにも応用可能だ。

プレゼン資料の作成における、ストーリーライティングを見ていこう。

例えば、従業員のワークライフバランスへの満足度が低いことで悩んでいる人事部の社員が、その改革のスライド資料を作成するとする（図62）。

図62　ビジネスにおけるストーリーラインの例

- 我が杉野商事は、社員のワークライフバランスに対する満足度が競合他社と比べて低い
- その原因は3つある
  - ①フレックス制などの働き方の自由度を高める制度がない
  - ②オフィスのIT化が遅れており作業に時間がかかる
  - ③担当部長など管理職クラスに理解がなく現場の働き方の問題が放置され続けている
- 早急な解決が必要なため、優先順位を付けず、社長の号令で同時にすべて変える

このような場合もストーリーラインづくりから始める。

そして学生の自己PRの例と同じように、1つずつスライドにしていく。繰り返すが、「ワンスライド・ワンメッセージ」の形でだ（図63〜65）。

ストーリーライティングは、複雑でいろいろと伝えたいことがあるときに特に有効だ。

スライドをつくってから何を伝えたかったのかを考えていては手直しが大変だ。事前に箇条書きでストーリーをつくり、そこで最も伝えたいことを1段目に整理し、それを各スライドのリードに、ワンスライド・ワンメッセージでセットし、あとはそれをビジュアル化するのだ。

図63　自社の悩みをスライドにする　その1

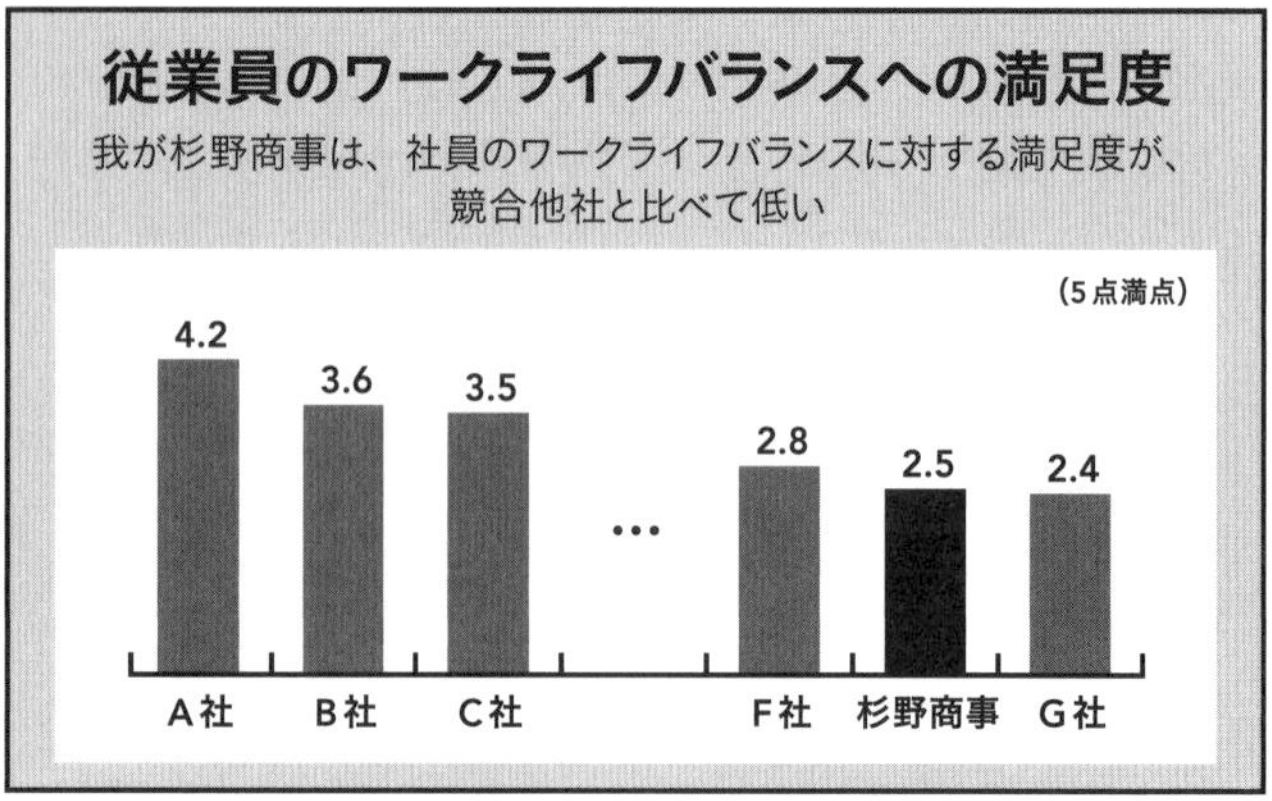

図64　自社の悩みをスライドにする　その2

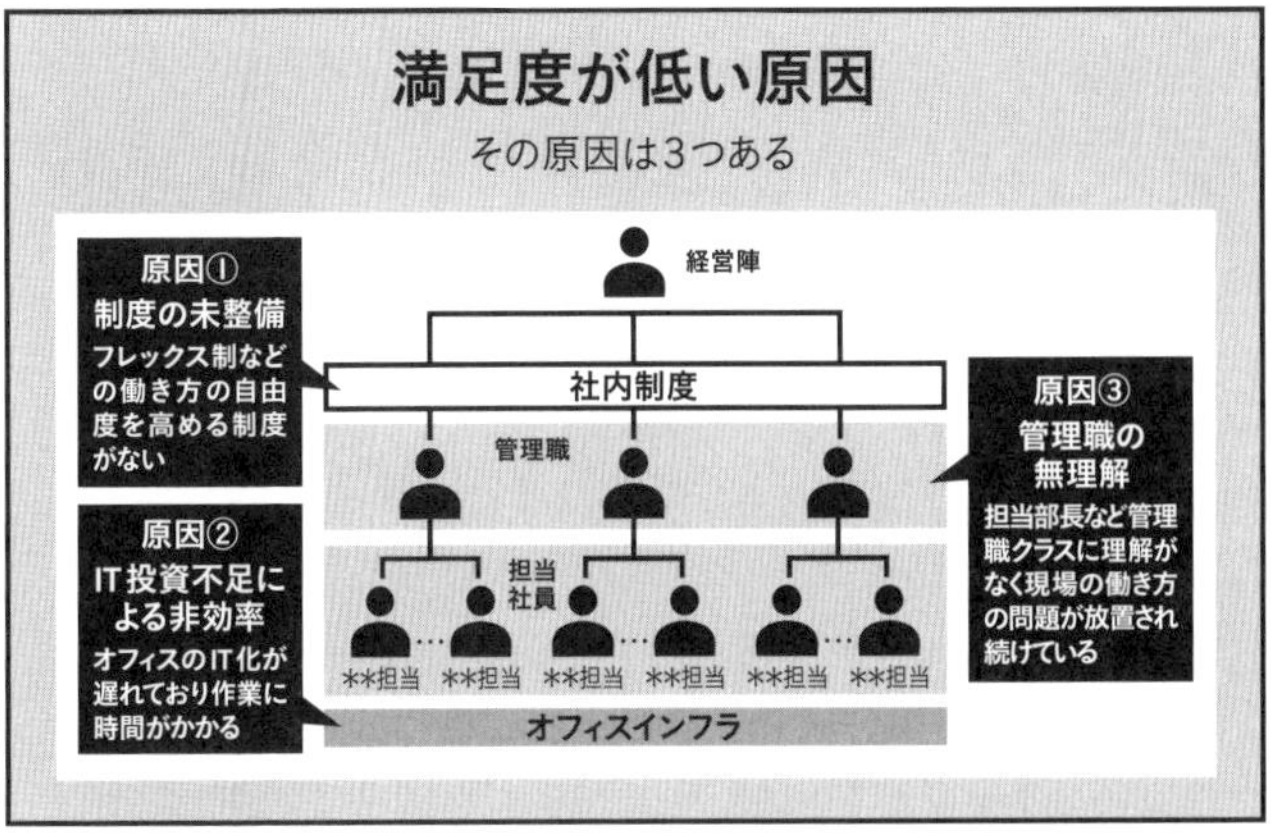

図65　自社の悩みをスライドにする　その3

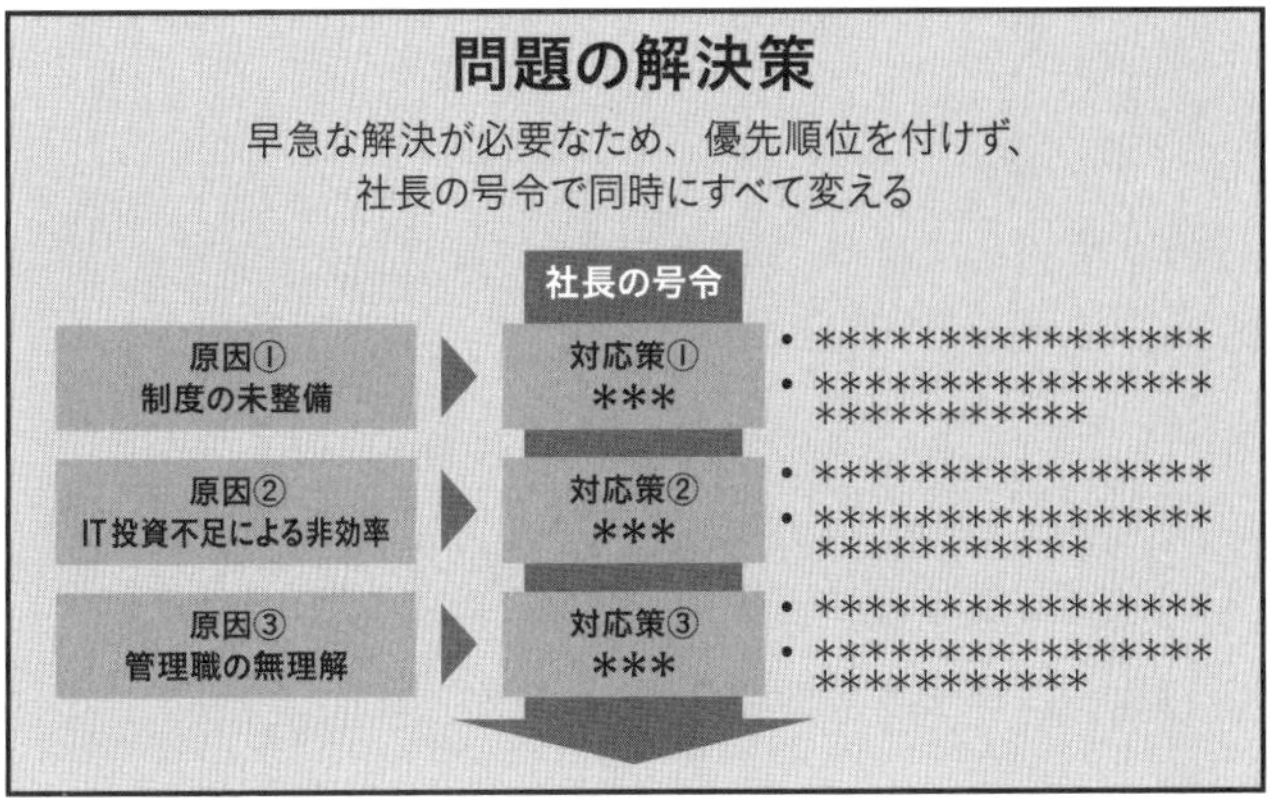

今回はプレゼンを例に出したが、企画書や報告書づくりにも応用可能だ。生産性の向上を実感できるだろう。

超・箇条書き活用法2　パラグラフライティング

もう1つ、『超・箇条書き』の使い道がある。それは、ベタ書きが上手くなるということだ。

ベタ書きといっても感想文や随筆ではなく、特に論説文が上手くなる。優れた論説文にはパラグラフライティングが求められる。

パラグラフライティングとは、長い文章を書く際に、その文章をいくつかのパラグラフに分け、各パラグラフの先頭にそのパラグラフが主張することは何かを一文で示していく書き方だ。

そのパラグラフライティングには『超・箇条書き』の思考が効果的なのだ。

優れた論説文は、主張や論理が明確だ。ダメな論説文はベタ書きで情報量が多いにもかかわらず、主張や論理が不明確だったりする。優れた論説文を書くための世界共通のコツは、パラグラフライティングだ。

これは、ビジネスの世界でも学術の世界でも万国共通だ。

繰り返すが、パラグラフライティングとは、各パラグラフの先頭にそのパラグラフが何を言っているかを一文で示していく書き方だ。

つまり、各パラグラフの先頭の文を集めてくれれば全体の要約になる。察しがよい人は気づいているかもしれないが、この全体の要約とは、論説文全体で伝えたいことの『超・箇条書き』とほぼ同じだ。

伝えたいことをまずは『超・箇条書き』で整理する。その1つひとつの文を各パラグラフの先頭に置く。あとは、パラグラフごとに先頭文の説明や補足を続けて書いていけばよい。

例えば、ラグビーの今後の強化策をベタ書きの文章でつくりたいときに、次のように箇条書きで整理してまとめたとする（次ページの図66）。

次は、この箇条書きの各段落の1段目を、各パラグラフの最初の文にして書き進めていくのだ。

各段落の2段目以降の文は、各パラグラフの中で、行を変えるところやセンテンスが切れるところなどに置けばよい。

では具体的に、図66の箇条書きを使ってパラグラフライティングすると次のようになる

（図67）。

わかりやすいように、箇条書きでつくった文を太字にしておいた。最も伝えたかった文が各パラグラフの最初にあることがわかるだろう。

2段目の文（経験の豊かなコーチを招へいするetc）は、各パラグラフの中で内容が切れるところの先頭で使ってある。

このように、箇条書きをしてからパラグラフライティングをすることで、相手にとってもわかりやすいベタ書きをつくることができる。

箇条書きは、そのまま伝えるだけではなく、ベタ書きの裏方としても、我々を助けてくれるのだ。

パラグラフライティングに慣れてくれば、

図66　箇条書きによるパラグラフライティングの例

- ラグビーはワールドカップの影響で注目されるようになった
- 日本代表チームをさらに強くするためには
  3つの打ち手が必要である
  - ①経験の豊かなコーチを招へいする
  - ②トップリーグに海外から世界一流の選手を集める
  - ③ファンのすそ野を広げる
- 日本でワールドカップが開かれるこのタイミングこそが、
  日本のラグビーにとって、打ち手に着手する最大のチャンスだ

図67　パラグラフライティングでつくったベタ書き

ラグビーはワールドカップの影響で注目されるようになった。2015年にイギリスで開かれた第8回ラグビーワールドカップで日本代表は大活躍した。それまでの全7回のワールドカップでは、日本代表はわずかに1勝しかしていなかった。それが、この第8回のワールドカップでは3勝したのだ。特に初戦の南アフリカ戦は、「スポーツ史上最大の番狂わせ」とも報じられ、日本だけではなく、世界が日本のラグビーに注目するようになった。

日本代表チームをさらに強くするためには3つの打ち手が必要である。日本代表は今回のワールドカップで大活躍したが、4年後にはまた次のワールドカップがある。未来のワールドカップに向けての競争はもう始まっている。このため、今からまた、さらに日本代表を強くする取り組みが必要だ。それについてまとめてみよう。

まず、**経験の豊かなコーチを招へいする**ことが必要だ。これが1つ目の打ち手だ。今回のワールドカップでの日本代表の躍進は、ヘッドコーチだったエディー・ジョーンズ氏の手腕に支えられた。代表チームにハードな練習を課した。海外遠征も積極的に行った。それらは、すべて経験のなせるものだ。次のヘッドコーチにも経験豊かなコーチが必要だ。

トップリーグに海外から世界一流の選手を集めることも必要だ。これが2つ目の打ち手だ。トップリーグのレベルが上がることは、そこでの選手のレベルが上がることにつながる。トップリーグから代表のほとんどを集めている日本代表にとっては、トップリーグのレベルの向上は代表チームのレベルの向上に直結する。そのためにも、トップリーグにはオーストラリアやニュージーランド、南アフリカなどの世界の一流選手を集めることが必要だ。

3つ目には、**ファンのすそ野を広げる**ことが必要だ。日本代表への投資にも、トップリーグのチームへの投資にも、資金が必要だ。そのためにはファンのすそ野を広げ、より多くの人にラグビーに関心をもってもらい、そして、試合に来場してもらう必要がある。このため、メディア取材への積極的な協力や、ファンとの交流イベントの開催などはもっと多くすべきであろう。

日本でワールドカップが開かれるこのタイミングこそが、日本のラグビーにとって、打ち手に着手する最大のチャンスだ。先の3つの打ち手はどれか1つでも欠けてはいけない。3つすべてを実行して続けていくには、関係者とファンの1人ひとりの関心の持続が必要だ。その点では、今こそがチャンスだ。次のワールドカップは日本で開催される。このため、しばらくは関係者の間でもファンの間でも関心が高まる。次のワールドカップまでの4年間が、そのワールドカップの日本代表だけではなく、その先の日本代表の発展を左右するのである。

まずは各パラグラフの先頭に伝えたいことを書き、状況や流れに応じて、臨機応変に変えればよい。

ただし、そのようなときでも各パラグラフで何を伝えるべきかを、事前に箇条書きでまとめておくことで、よりそのライティングの質が向上するだろう。

企画立案・執筆にも使える

この『超・箇条書き』の書籍も、最初は箇条書きで全体をまとめ、そこからパラグラフライティングに入った。

企画初期の箇条書きは次のようなものだ（図68）。最初は単なる文章の羅列に過ぎないが、ここから構造化、物語化、メッセージ化を行い、書いている途中で中身や順番は変えている。

ポイントは、いきなりベタ書きで進めていくのではなく、伝えたいことをパラグラフ単位で箇条書きにしたことだ。事前にしっかり行うことで、伝えたいことが整理され、効率的に書き進めることができた。

箇条書きとして伝えなくとも、伝えたいことを『超・箇条書き』で整理すれば、それが

図68 企画初期における本書構成の箇条書き

- はじめに
  - 最近の“コミュ力”のブームからか、学生からビジネスパーソンまで、しゃべりがうまい人は増えているように思う
  - ただし、しゃべりがうまくても「言語明瞭だが意味不明瞭」な人は多い。つまり、流れるようにしゃべっているが、何を言いたいのかがわからないのだ
  - このような人には、ホワイトボードなりメールなりで「今しゃべったことを、箇条書きにしてみてもらえないか」とお願いするようにしている
  - そうすると、しゃべっている言語は明瞭なのに、なぜその意味が理解できなかったかが明らかになる。結論が曖昧であったり、その結論までの論理が曖昧であったりするのが一目でわかるからだ
  - 言い換えれば、箇条書きを見れば、その人の思考や伝え方の力量を評価することができる
  - 企業の採用担当には、提出されたエントリーシートや履歴書にある箇条書きを見て、その出来が悪いと少なからず色眼鏡で見てしまうという人もいる
  - 就活だけではない。企業ではプレゼンなど、大学では学生のレポートなどでも、立派な内容があるのに箇条書きのデキがひどいために、評価を落とす人はかなりいる
  - つまり、いたるところで、あなたの箇条書きは「評価されている」。箇条書き次第で、キャリアの道が閉ざされてしまうこともあれば、道が拓けることもあるのだ
  - 本書は、そのような人たちへの処方箋となる技術を提供する。それが「超・箇条書き」だ
  - 箇条書きは、誰にももっとも身近なものであり、そして、多くの人がその潜在力を活かせていないもの。すなわち、凡庸にして最強のスキルだ
  - このため、単なる羅列ではなく、「短く、魅力的に伝える技術」としての最強のスキルである「超・箇条書き」を、紹介したい

姿を変え、パラグラフライティングの出発点として活用できる。箇条書きのみならず、ベタ書きも上手くなるのだ。

超・箇条書きで英語もどんどん上達する

そろそろ本書のまとめをする。

これまでに超・箇条書きの技術を紹介し、そのトレーニングをしてきた。

『超・箇条書き』を身に付けると、短く、魅力的に伝えることができる。

『超・箇条書き』を身に付けると、ストーリーライティングを通じてスライドづくりも上手くなる。

『超・箇条書き』を身に付けると、パラグラフライティングを通じてベタ書きも上手くなる。

『超・箇条書き』はあらゆるコミュニケーション手段を上達させる出発点だ。

相手に伝えているつもりなのに、無視されたり、ダメ出しされたりで、伝わらない。

『超・箇条書き』とは、そのような人への処方箋なのだ。

最後にもう1つだけ。

日本人の多くは英語が上手くない。そういう人ほど箇条書きのスキルを高めるべきだ。

資料やメールでのベタ書き。

口頭でのスピーチ。

これを英語でするのは、英語が苦手な人には一苦労だ。

それでも、海外の人とコミュニケーションをとりたい人や、ビジネスをする必要がある人はいる。

そういうときこそ箇条書きが役に立つ。

箇条書きのフォーマットは世界中で通用する。また、箇条書きでは情報量を絞るため、英語が苦手な日本人でも〝短い英語〟で相手に伝えることができるのだ。

私自身も、20代半ばに初めてシリコンバレーで働いたが、英語でのコミュニケーションでは日本語以上に箇条書きを使った。

短い言葉で、内容を確実に伝えられるからだ。

英語が苦手な人ほど、がんばって伝えようと、ベタ書きの長々とした英語で伝えがちだ。

しかし、英語が苦手であればあるほど、ベタ書きで伝えるよりも、箇条書きで伝えたほうが相手に伝わるのだ。

例えば、あなたが会社の人事部で、社員研修の担当になったときを考える。海外オフィスの社員にも呼びかけをすることになり、次のようにメール連絡をしたとする（図69）。

内容に興味があるときや、疲れていないときであれば読む気になる。

しかしそうでなければ、ポイントがパッと頭に入って来ずに無視してしまうかもしれない。このようなときに箇条書きを使う。

次のようにだ（図70）。

内容はまったく同じだが、箇条書き、特に構造化の効果で「To apply」が幹として目に留まるようになる。

また、添付されている資料を読めば済むようなこと、例えば研修は選抜式であることなどがイントロに書かれていたため、それらは削った。一層、「To apply」が目立

図69　社員研修の呼びかけメール　その1

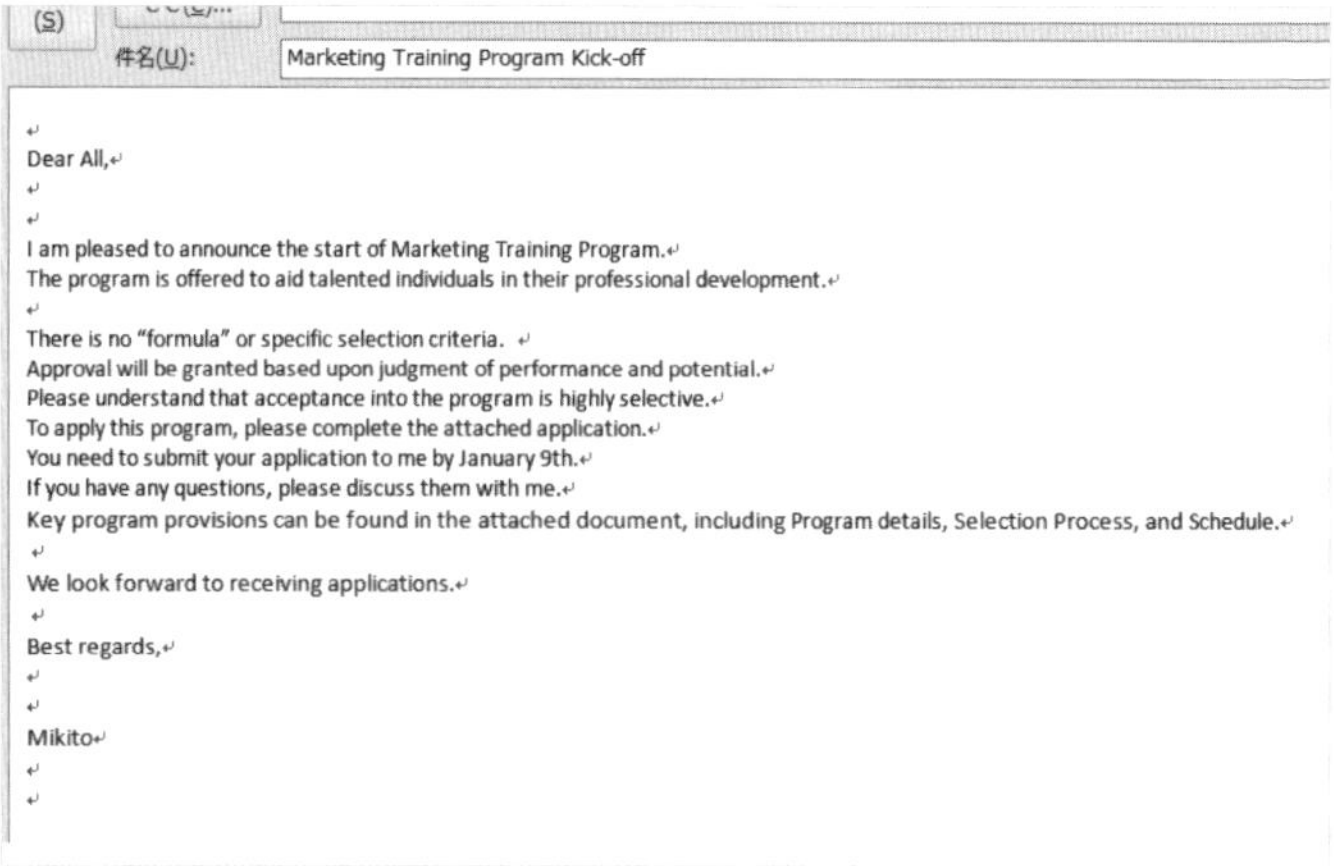
件名(U): Marketing Training Program Kick-off

Dear All,

I am pleased to announce the start of Marketing Training Program.
The program is offered to aid talented individuals in their professional development.

There is no “formula” or specific selection criteria.
Approval will be granted based upon judgment of performance and potential.
Please understand that acceptance into the program is highly selective.
To apply this program, please complete the attached application.
You need to submit your application to me by January 9th.
If you have any questions, please discuss them with me.
Key program provisions can be found in the attached document, including Program details, Selection Process, and Schedule.

We look forward to receiving applications.

Best regards,

Mikito

つようになる。

　こうして、「何かしらの応募（apply）のチャンスがあるのかな」と内容を読む気になる。結果的に、海外オフィスの社員にも伝わり、研修への参加者が増えるかもしれない。

　実際、英語が母国語でない人が多数を占め、世界中に拠点をもっているグローバルカンパニーでの社内メールでは、互いに理解しやすいように連絡事項は箇条書きにして伝えるのが一般的だ。

　箇条書きが上手くなればなるほど、英語でのコミュニケーションが上手くなるのだ。『超・箇条書き』は、コミュニケーション上達の入り口であり、そして、世界へのパスポートなのだ。

図70　社員研修の呼びかけメール　その2

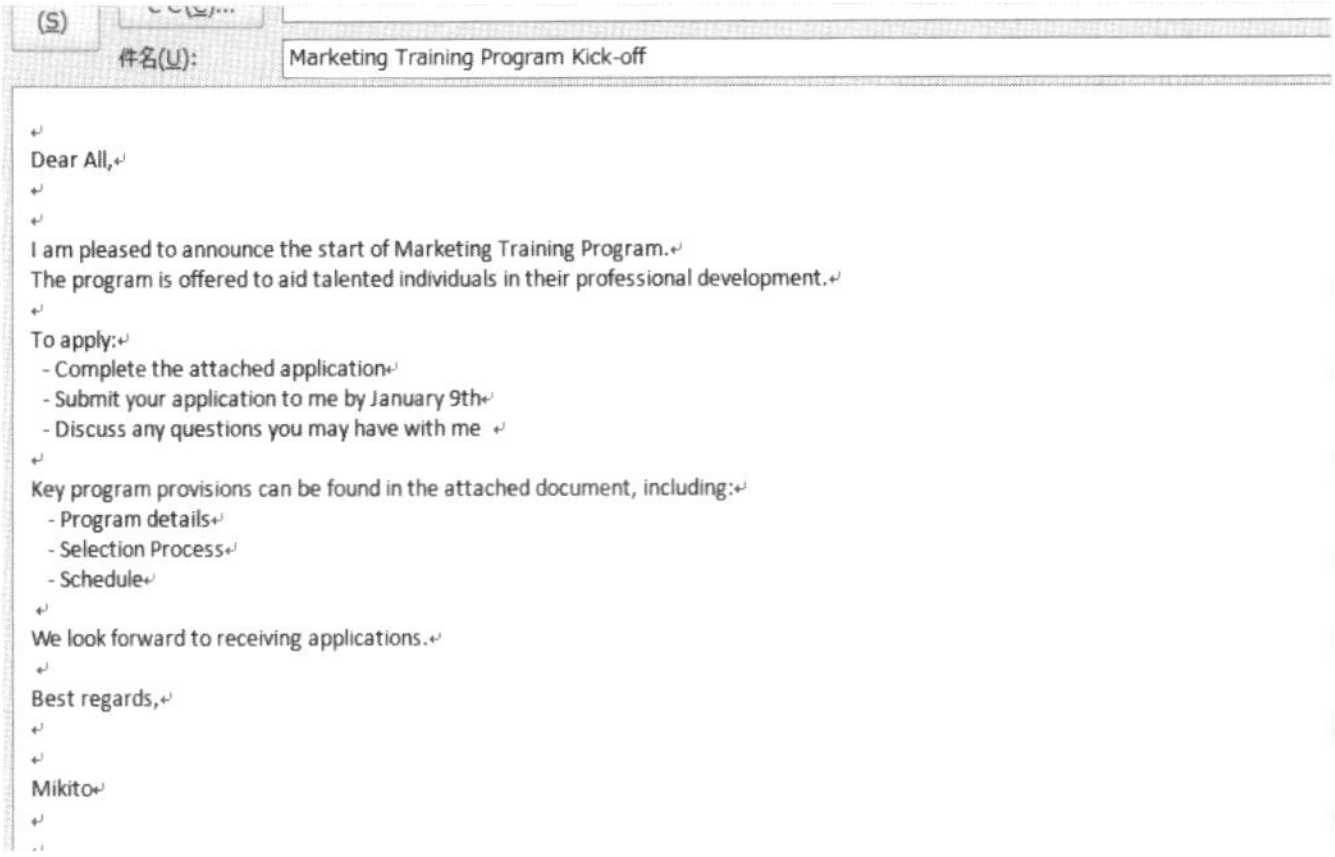
件名(U): Marketing Training Program Kick-off

Dear All,

I am pleased to announce the start of Marketing Training Program.
The program is offered to aid talented individuals in their professional development.

To apply:
 - Complete the attached application
 - Submit your application to me by January 9th
 - Discuss any questions you may have with me

Key program provisions can be found in the attached document, including:
 - Program details
 - Selection Process
 - Schedule

We look forward to receiving applications.

Best regards,

Mikito

『超・箇条書き』を知るだけではもったいない。

『超・箇条書き』でコミュニケーションが上達するだけではもったいない。

さあ、『超・箇条書き』の腕を磨き、世界中の人たちにあなたの伝えたいことを伝えよう。

おわりに　箇条書きが、私を救ってくれた

日本では、箇条書きは軽んじられている。

これが、本書を執筆するにあたっての私の課題認識だった。

箇条書きは、誰にとっても身近なものだ。

箇条書きは、あらゆるコミュニケーションの出発点だ。

だが、箇条書きを習ったことがある人など皆無だろう。結果的に、残念なことに箇条書きは軽んじられ、そのポテンシャルを発揮できていない。

最後に少し私の話をしたい。私自身、箇条書きには何度も救われてきた。

ＩＮＳＥＡＤのＭＢＡプログラムは、エンジニア出身だった私にとっては学ぶことのすべてが新しく、そして興奮する毎日だった。しかしその分、クラスのディスカッションに貢献することは大変だった。

P&Gのマーケターだった友人とのマーケティングの授業でのディスカッション。

外資系コンサル出身の友人とのストラテジーの授業でのディスカッション。

投資銀行出身だった友人とのファイナンスの授業でのディスカッション。

専門知識も実務経験も、エンジニア出身の当時の私には決定的に足りていなかった。


いつも箇条書きが、私を救ってくれた。


シリコンバレーで仕事を共にした500人以上の起業家のプレゼンや提案資料から、箇条書きのコツを少しは経験的に理解していた。

箇条書きのコツと、同じくシリコンバレーの起業家から直接学ばせてもらったプレゼンでのユーモアのコツをすべて投入し、プレゼンのスライドは練りに練って臨んだ。

もちろん、最初のスライドと最後のスライドは、箇条書きだった。

私のプレゼンはいつも好評だった。

箇条書きのパワーを、身をもって知ったのは、あのときが最初だったのかもしれない。

あの箇条書きがなければ、私のMBAでの生活はもっと退屈なものになっていた。

外資系コンサルでも箇条書きには救われている。最終報告書の冒頭にはいつも箇条書きでサマリーを付ける。

その箇条書きは、クライアントのこれまで、現在、そして未来、そのすべてに思いを馳せ、自分が伝えることができる解決策を、自分なりに誠心誠意を込めてまとめている。

私はプロのコンサルタントとして、さまざまなクライアントに出会い、問題を解決し、共に喜ぶことができた。

そして同時に、自分自身を成長させ続けることができた。

短く、魅力的に伝える「箇条書き」があればこそ、できたことだ。

そして今、外資系コンサルでのコンサルティングワークに加え、東京農工大学で教鞭をとる機会にも恵まれている。

大学でのプレゼンテーションの授業では、敢えてスライドのつくり方や発表の仕方だけではなく、ストーリーラインのつくり方も教えている。このストーリーラインのつくり方とは、まさに箇条書きから始まるものに他ならない。私が教えている箇条書きの技術を身に付け、そして役立ててくれれば、こんなにうれしいことはない。

箇条書きを、それも、短く、魅力的に伝える『超・箇条書き』を使う人が1人でも増えること。
それが今の私の願いだ。

本書は、私が感じていた箇条書きについての課題認識と、それに対しての私なりの処方箋をまとめたものだ。
このような考えや技術をまとめる機会をいただけたのは幸運だった。

本書の執筆は、東洋経済新報社の季刊誌『Think!』への寄稿が発端だった。発表の機会をいただいた東洋経済新報社の藤安美奈子さんに感謝したい。また、東京農工大学の同僚の畠山雄二さんにも感謝したい。議論に付き合っていただいた中の理論言語学の視点からのフィードバックはとても貴重だった。

そして、その寄稿に目をとめ、本書を執筆する機会を提供してくれたダイヤモンド社の中村明博さんに、何よりも感謝する。中村さんからの最初の問い合わせ、企画や執筆における助言やフィードバック、そして、その書籍づくりに対する情熱、それらがなければ、この本は生まれることはなかった。
そして、40代に入ってもあいかわらずマイペースな私を楽しそうに見守ってくれている妻と2人の娘に感謝する。

杉野幹人

2016年6月

著者プロフィール

杉野幹人（すぎの・みきと）

A.T. カーニーマネージャー　東京農工大学工学部特任教授

東京工業大学工学部卒。INSEAD MBA修了。早稲田大学商学研究科博士後期課程修了。博士（商学）。

大学卒業後、NTTドコモに就職。シリコンバレーで仕事を共にした500人以上の起業家のプレゼンや提案資料から、箇条書き（Bullet points）で短く魅力的に伝えることのパワーとその技術を学ぶ。

世界最高峰のビジネススクール、INSEADでMBAを修了後に、グローバル経営コンサルティングファームのA.T.カーニーに参画。経営戦略、マーケティング戦略、新規事業、経営会議運営支援等の幅広い経営コンサルティングプロジェクトを手掛けている。箇条書きを用いた経営者向けのプレゼン・資料作成の経験は300回を超える。現在は、箇条書きを基礎としたストーリーライティングの技術を東京農工大学でも教えている。

著書には単著として『使える経営学』（東洋経済新報社）、『会社を変える会議の力』（講談社現代新書）、共著として『コンテキスト思考』（東洋経済新報社）がある。

超・箇条書き

「10倍速く、魅力的に」伝える技術

2016年6月16日　第1刷発行
2024年11月11日　第14刷発行

著　者――――杉野幹人
発行所――――ダイヤモンド社
〒150-8409　東京都渋谷区神宮前6-12-17
https://www.diamond.co.jp/
電話／03･5778･7233（編集）　03･5778･7240（販売）

装丁――――――水戸部功
本文デザイン・DTP―吉村朋子、佐藤麻美
校正――――――加藤義廣（小柳商店）、鷗来堂
製作進行――――ダイヤモンド・グラフィック社
印刷――――――加藤文明社
製本――――――ブックアート
編集担当――――中村明博

ISBN 978-4-478-06867-0